KB039196

디지털 인류의 뉴스 사용기

모 바 일 터 닝 시 대

이 도서의 국립중앙도서관 출판예정도서목록(CIP)은 서지정보유통지원시스템 홈페이지(http://seoji.nl.go.kr)
와 국가자료공동목록시스템(http://www.nl.go.kr/kolisnet)에서 이용하실 수 있습니다.
CIP제어번호: CIP2017022264

디지털 인류의 뉴스 사용기

모바일
터닝시대

이승현 지음

사랑하는 당신에게

Prologue

—

나는 디지털 맹인이었다. 10년 동안 방송기자라는 이름으로 살아오면서 단 한 번도 디지털을 알려고 하지 않았고, 궁금해하지도 않았다. 어떤 아이템으로 어떻게 방송용 리포트를 만들지, 어떻게 스튜디오와 시청자에게 더 정확히 안정적으로 뉴스를 전할 수 있을지만 고민해온 것이 지난 10년 동안의 나의 모습이었다. 사건기자로서, 법조기자로서, 정당기자로서, 앵커로서의 나는 한결같이 이 같은 고민 속에서 하루살이와 비슷하게 생활했다. 오늘이 지나면 새로운 아이템을 생각해야 했고, 내일이 되면 새로운 뉴스를 진행한다는 마음가짐이 지난 10년 동안의 내 모습이었다. 24시간 뉴스전문채널에서 기자, 앵커로 일해오면서 말 그대로 생방송 전용 기자, 앵커로서의 최적화된 사고방식과 업무 습관에 나도 모르게 길들여졌다.

그래서 처음 디지털뉴스팀으로 발령받았을 때 속된 말로 '멘탈붕괴', 즉 멘붕이 찾아왔다. 이유는 간단하다. 나는 디지털 맹인이었기 때문이다. 나는 디지털이 무엇인지, 디지털에서는 뉴스가어떻게 만들어져야 하고 어떻게 유통되어야 하는지 전혀 모르는사람이었다. 그런 내가 YTN 디지털 부문의 실무책임자로서 디지털뉴스팀장이 된 것이다.

　하루하루가 괴로웠다. 단순히 적응 과정에서 겪는 괴로움과는 결이 달랐다. 방송용 뉴스 리포트가 가진 한계와 모바일 전용 콘텐츠가 가진 가능성의 격차가 시간이 지날수록 첨예하게 다가왔다. 방송용 리포트는 방송에 몇 번 나가면 끝이었다. 굳이 시청률과 비례해 실제 내 리포트를 본 사람을 추산해보지 않아도 그 수가 100만 명에 이르지는 않을 것이라는 점을 알 수 있다. 그런데 모바일 뉴스 콘텐츠는 달랐다. 하룻밤만 지나면 100만, 200만, 300만 명이 콘텐츠를 소비했다. 충격이었다. 방송은 몇 번 나가면 그것으로 생명을 다하지만 모바일 콘텐츠는 생명력에 제한이 없었다. 하루, 이틀, 일주일이 지날수록 콘텐츠를 소비하는 사람 역시 100만, 400만, 800만 명으로 불어났다. 말 그대로 충격이었다. 왜 온에어를 사양산업으로 보고 온라인을 미래산업으로 볼 수밖에 없는지 하루하루 직접 체감했다. 어쩌면 그런 과정 속에서 나는 자연스럽게 디지털 어웨이크닝digital awakening을 겪게 됐는지도 모른다.

　평범한 시민으로서, 뉴스전문채널의 기자와 앵커로서 나는 뉴스를 만들고 뉴스를 소비한다. 그런데 나와 같은 평범한 소시민이 어떻게 뉴스를 소비하는지, 그 방식이 얼마나 빠른 속도로 바뀌고 있는지에 대해 나와 같은 방송사 기자들은 제대로 깨닫지 못하고 있는 것이 현실이다. 방송기자들은 여전히 속보, 현장 중계, 리포트에 매몰되어 있다. 하지만 많은 소비자는 더 이상 텔레비전을 통해 속보와 현장 중계, 리포트를 소비하지 않는다. 아주 많은 방송기자들이 이 사실을 모른다. 또한, 얼마나 많은 사람이 모바일 플랫폼을 통해 어떤 콘텐츠를 소비하는지 역시 모른다. 다시 말해, 뉴스를 소비하는 사람과 생산하는 사람이 바라보는 디지털 시대의 간극은 시간이 갈수록 커지고, 여기에 적응하는 언론과 그렇지 못하는 언론의 미래 가능성의 차이 역시 커지고 있다.

이러한 현실적 인식에서 출발한 『모바일 터닝시대: 디지털 인류의 뉴스 사용기』의 핵심 키워드는 '스마트폰'이다. 한 단계 더 확장하면, 스마트폰이 이끄는 모바일 터닝의 양상이다. 나아가, 뉴스 생산자와 소비자 입장에서 그 양상을 어떻게 바라봐야 하는지까지 확장할 수 있다. 이에 따라 책의 핵심은 모바일 터닝시대에 뉴스를 어떻게 제작해야 하고, 어떻게 소비해야 하는지에 모아진다. 특히, 뉴미디어 플랫폼의 급격한 확산 때문에 변하는 뉴스 유통의 양상과 함께하는 저널리즘의 양상도 놓칠 수 없는 부분이다.

이 같은 핵심 축을 기반으로 이야기는 크게 세 갈래로 진행된다. 먼저 1부에서는 모바일 터닝시대를 이끌고 있는 국내외 주요 모바일 플랫폼을 탐색한다. 이들 플랫폼을 통해 대한민국에서 어떤 지각 변동이 일어나고 있는지를 그려내고자 했다. 또한, 이 과정에서 우리 일상으로 파고든 디지털을 통해 이미 디지털 어웨이크닝을 겪고 있는 모바일 터닝시대의 일상 모습도 함께 담고자 했다. 즉, 아날로그에서 디지털로 넘어오며 자연스럽게 디지털 어웨이크닝을 겪은 우리의 모습을 담아냈다. 이어지는 2부에서는 모바일 터닝시대를 맞아 뉴스의 모습이 어떻게 변하고 있는지를 그려내는 데 주력했다. 국내외 모든 언론사가 화두로 내걸고 있는 혁신의 단면을 살펴본다. 모두가 외치는 혁신의 구호 속에서 뉴스 제작과 소비의 양상이 어떻게 바뀌고 있는지 현장을 있는 그대로 표현하는 데 집중했다. 마지막으로 3부에서는 디지털 어웨이크닝이 벌어지는 모바일 터닝시대에 과연 저널리즘의 가치는 무엇인지 대한민국 언론의 단면을 들춰보며 다뤘다. 오늘날 혁신의 의미와 그 안에 감춰진 함의는 무엇인지를 풀어내려 노력했다.

보통 디지털 뉴스나 언론사의 이야기를 다룬 글은 딱딱하게 느껴지거나 어렵게 인식되는 경우가 많다. 소재의 특성상 독자층의 폭이 넓지 않은 것이 한계점으로도 지적된다. 하지만 디지털 어웨이크닝이나 모바일 터닝 같은 이슈들은 제삼자가 겪는 사안이 아닌, 우리 모두가 겪고 있는 일상의 단면이면서 핵심적인 변화이기도 하다.

새롭게 변하는 미디어 환경 속에서 빠른 적응도를 보이는 소비자와 달리 적응은커녕 인식조차 없는 언론의 모습을 언론 종사자와 뉴스 소비자에게 알리고 싶었고, 지금의 상황을 공유하고 싶었다. 디지털 부문이라는 개념이 세부적으로 들어가면 뜬구름 잡는 소리 같거나 어려운 의미가 많기 때문에 상황에 대한 인식을 공유하는 수준을 이 책의 목표 지점으로 삼았다. 글을 전개하는 데 에세이 형식을 차용한 것도 디지털 부문에 관한 글이 주는 딱딱함을 탈피하기 위함이었다.

이 책은 디지털 뉴스 제작과 유통을 책임졌던 실무자로서의 단상을 담은 것에 불과하다. 하지만 모바일 뉴스에 관심이 있는 시민들과 새로운 형식의 디지털 뉴스를 고민하거나 고민해야 하는 그리고 고민할 수밖에 없게 될 언론 종사자들, 또 언론 종사자를 꿈꾸는 지망생들이 디지털 어웨이크닝을 겪는 과정에서 이 책이 조금이나마 도움이 될 수 있기를 바란다.

　자, 이제 떠나보자. 뉴스 소비자로서 우리의 일상에서 일어나는 디지털 어웨이크닝은 과연 무엇인지, 뉴스 제작의 주체로서 언론이 겪고 있는, 또 겪어야 하는 현실은 과연 무엇인지.

Contents

프롤로그 6

디지털 어웨이크닝 ❶~❹ 14

| **모바일 터닝시대**

: 모바일 新삼국지: Facebook vs. Naver vs. Kakao 23

: 페이스북 성패의 기준: 도달 26

: 페이스북, 미디어로 한 발 더: 인스턴트 아티클 ❶ 30

: 페이스북, 미디어로 한 발 더: 인스턴트 아티클 ❷ 35

: 라이브의 신기원: 페이스북 라이브 카메라 41

: 일상으로 침투한 페이스북 라이브 44

: 페이스북 라이브 폴,

   언론사들은 페이스북에 적응하는가? 적응당하는가? 48

: '포켓몬 고' 페이스북 라이브, 뉴스와 스내커블 콘텐츠 사이에서 51

: '10억 유저'를 보유한 페이스북 메신저, 한국에서는 '고전' 54

: 카카오톡이 지배한 나의 일상 61

: 카카오 채널, 뉴스 미디어로의 도약 67

: 뉴스 콘텐츠 플랫폼 유통의 명과 암 70

: 네이버는 언론사의 갑일까? 74

: 유튜브가 만든 새로운 세상 78

: 유튜브 헤비 유저가 된 다섯 살 아들 85

: 엄마와 디지털 88

: 모바일 新삼국지, 승리의 깃발은? 93

: 디지털 인류의 뉴스 사용 설명서 97

Ⅱ 디지털 혁신의 시대

: 스마트폰의 역습, 신문과 방송의 위기 103

: 혁신의 본질, 혁신은 시작된 것일까 106

: 너도나도 통합 뉴스룸, 옷이 바뀐다고 사람도 바뀔까? 111

: 모바일 터닝시대, 뉴스도 '터닝 중' ❶ 122

: 모바일 터닝시대, 뉴스도 '터닝 중' ❷ 126

: 모바일 터닝시대를 역행하는 속보 경쟁 131

: 방송 뉴스 콘텐츠 뉴미디어 전략의 방향성 134

: 신문을 버리고 모바일을 택하다, ≪중앙일보≫의 도전 139

: 플랫폼이 우선일까? 콘텐츠가 우선일까? 146

: 디지털 혁신의 시대, 새로운 인재상 150

: 디지털 제작자가 갖춰야 할 조건 154

: 취재기자의 필수품, 노트북? 스마트폰? 162

: '디지털 몸틀'이 필요한 이유   164

: 파괴적 미디어 혁신이 필요한 시간   167

: 넷플릭스의 자기 파괴적 혁신이 우리에게 던지는 시사점   171

: 아마추어 콘텐츠와 프로페셔널 콘텐츠 사이에서   175

III 새로운 저널리즘의 시대

: 새로운 양식의 참여저널리즘 ❶ 제보   183

: 새로운 양식의 참여저널리즘 ❷ 뉴스 소비자와 생산자의 결합   187

: 언론사 독자 플랫폼 vs. 외부 플랫폼, 정답은 무엇인가?   193

: 가짜 뉴스 ❶ 모바일 터닝시대, 저널리즘의 적   195

: 가짜 뉴스 ❷ 가짜 뉴스와 모바일 플랫폼의 시너지: 오보의 확산   198

: 가짜 뉴스 ❸ 가짜 뉴스와 오보, 같을까? 다를까?   201

: 가짜 뉴스 ❹ 가짜 뉴스에 공안검사들도 바빠졌다   203

: 가짜 뉴스 ❺ 당신은 진짜 뉴스와 가짜 뉴스를 구분할 줄 아는가?   206

: 19대 대선, 첫 모바일 대선 방송의 등장   211

: 2류로 취급받는 디지털, 혁신의 현실과 한계   214

: 온에어와 온라인의 새로운 관계 설정   218

: 최순실 사태로 새로워진 온에어와 온라인의 관계 설정   221

: 디지털 혁신의 시대, 저널리즘의 본령   224

❝방송 시장의 중심으로
파고든 모바일 혁신❞

헌정 사상 현직 대통령에 대한 두 번째 탄핵 심판이 이루어졌다. 박근혜 전 대통령은 고 노무현 전 대통령에 이어 두 번째 탄핵 심판 대상이 됐다. 노무현 전 대통령의 경우에 선거법 위반 등이 탄핵 사유로 작용한 반면, 박 전 대통령은 뇌물죄 혐의가 적용된 피의자 신분으로 검찰에 입건된 상태에서 탄핵 심판이 이루어졌다. 이른바 '최순실 게이트'의 공범으로서 탄핵 심판 피청구인이 된 셈이다.

2017년 3월 10일, 헌법재판소는 뜨거웠다. 내외신의 기자들이 새벽부터 헌법재판소로 몰려들었고, 헌법재판소 앞에서는 탄핵에 대한 찬성과 반대 집회가 계속됐다. 사안의 중대성이 큰 만큼 헌법재판소는 방송사들에게 생중계를 허용했다. 물론, 노무현 전 대통령의 탄핵 심판 당시에도 생중계는 허용됐다. 하지만 그때와 2017년의 생중계는 의미와 차원이 달랐다. 2004년 탄핵 심판 생중계는 철저히 텔레비전 생중계를 의미했다. 조금 더 의미를 확장하면, 각 방송사의 홈페이지를 통해서 생중계를 볼 수 있는 정도였다. 텔레비전과 홈페이지라는 사실상 두 개의 플랫폼이 탄핵 심판 생중계를 볼 수 있는 전부였다.

2017년은 확실히 달랐다. 텔레비전이라는 온에어를 통한 생중계가 방송의 기본이라는 점은 변함없었다. 하지만 텔레비전과 홈페이지 이외의 파생 플랫폼의 폭이 훨씬 크게 확장됐다. 스마트폰을 통한 유통 플랫폼의 다양화, 이른바 모바일 터닝시대의 단면이다.

대한민국의 스마트폰 사용자는 대략 4천만 명 정도로 추산된다. 스마트폰은 각종 모바일 플랫폼의 전초기지다. 박 전 대통령 탄핵 심판 생중계는 스마트폰을 통해 각 방송사의 애플리케이션으로도 볼 수 있고, 페이스북 등의 SNS 플랫폼은 물론 네이버와 다음 등 포털 사이트에서도 볼 수 있다. 기존 온에어는 기본에 불과할 뿐 온라인을 넘어 이제 모바일을 통해 뉴스 콘텐츠는 빠르고 다양하게 유통된다. 예전에 탄핵 심판 선고를 바라보는 시민의 모습을 취재할 때는 서울역 대합실의 대형 텔레비전 앞에 앉아 있는 시민이 대상이었다. 하지만 지금은 서울역 곳곳에 앉거나 서서 스마트폰으로 생중계를 보는 시민의 모습이 더 익숙한 풍경이 됐다. 모바일 터닝시대에 접할 수 있는 뉴스 사용 방식의 패러다임 변화다.

Digital Awakening ❷

—

❝ 일상으로 파고든 디지털 ❞

패러다임의 변화는 일상 속에서도 진행되고 있다. 다섯 살배기 아들이 내 스마트폰을 들고 다가와 묻는다. "아빠, 빨간 네모 속 삼각형 눌러서 타요 보여줘." 여기서 다섯 살 꼬마가 말하는 '빨간 네모 속 삼각형'은 유튜브의 로고를 의미한다. 유튜브를 통해 타요나 뽀로로 등의 동영상을 서너 살 때부터 소비해온 우리 아이는 이미 '유튜브 헤비 유저'가 된 셈이다. 유튜브를 '유튜브'라고 부르지만 않을 뿐, 유튜브 로고에 익숙해져 있고 그동안 그 안에서 수많은 뽀로로와 타요를 만났다는 것을 객관적으로 지각하고 있는 셈이다.

일상의 디지털 또는 디지털적 변화를 이야기할 때 카카오톡을 빼놓을 수 없다. 회사 생활을 하면서 카카오톡을 사용하지 않는 것은 굉장한 모험이다. 내 주변에 카카오톡을 사용하지 않는 사람은 딱 한 명 있다. 이 양반은 아예 2G폰을 사용한다. 2G폰이 주는 아날로그적 감성을 버리지 못하는 예술가적 감성을 가지고 있지만, 누구나 스마트폰을 생활의 일부로 사용하는 시대에 짐짓 눈에 띄는 인물임은 틀림없다. 일과 중에 카카오톡 메시지 수백 개를 주고받는 나 같은 사람도 가끔 '카카오톡 없는 세상'을 꿈꾼다. 하지만 말 그대로 망상일 뿐 현실에서는 여전히 카카오톡으로 업무를 지시받고 지시한다. 직장인에게 카카오톡은 24시간을 업무 시간으로 만들어버린 괴물 같은 존재가 된 지 이미 오래다.

정확히 언제부터인지는 모르겠지만 60대에 접어든 우리 어머니가 대략 2~3년 전부터 카카오스토리를 사용하며 일상의 모습을 주변 사람들과 공유하고 있다. 조금 신기했다. 시골에서 초등학교를 졸업한 뒤 평생 공장에서 일하며 자식 뒷바라지를 해온 어머니가 카카오톡을 사용해 안부를 묻고, 카카오스토리를 통해 지난 주말 나들이 간 곳에서 찍은 사진을 공유한다. 카카오스토리에 올라온 사진을 보면 일상에 쫓겨 산다는 핑계로 주말에 안부 전화도 못 드린 미안함이 배가된다.

2010년도 이후부터 나와 내 주변인들이 하나둘 스마트폰을 익숙하게 사용하면서 너무 많은 것이 변했다. 일상 속 풍경도, 업무 환경도 방송 환경도 이전에 겪지 못한 패러다임의 변화를 겪고 있다. 스마트폰 사용자 4천만 명 시대. 대한민국 인구의 80%가 손 안의 미디어인 '스마트폰'을 사용하면서 바뀐 풍경이다. 우리는 자신도 모르는 사이에 아날로그와 이별하고, 디지털적으로 깨어나버렸다. 부지불식간에 디지털 어웨이크닝이 이뤄진 셈이다.

" 모바일 터닝시대...
변하는 뉴스 소비 양식 "

2014년 ≪뉴욕타임스≫의 혁신보고서 유출은 국내 언론에게 아주 굉장한 사건으로 다가왔다. 허접한 유출본이 돌기 시작하더니 업계에서 이름 대면 알 만한 사람들이 번역본을 내놨다. 무엇보다 디지털 부문 담당자들을 놀라게 한 것은 디지털 혁신의 선두에 깃발을 꽂은 것으로 보였던 ≪뉴욕타임스≫마저 사실은 이 부문에 대해 말 못할 고민을 끊임없이 이어갔다는 점이다.

유출 사건이 일어난 지 3년도 훌쩍 넘은 지금, ≪뉴욕타임스≫에서 만들었다는 사실을 모른 채 이 보고서를 읽어보면 국내 언론사들의 이야기를 하는 것같이 느껴질 만큼 국내 언론 환경과 거의 흡사한 상황을 다루고 있다는 것을 알 수 있다. 디지털 혁신 마인드가 현저히 부족한 보도국이나 편집국의 기자들은 디지털 부문을 비보도 부문으로 간주하고 서브 플랫폼으로 여긴다. 조금 나은 곳도 있지만 그렇지 않은 곳이 훨씬 더 많다는 게 국내 언론사의 현실이다. 쉽게 말해 방송과 신문이 우선이고 디지털은 방송이나 신문 등을 보조하는 세컨드 플랫폼이라는 의미다.

조직 분위기가 이렇다 보니 국내 수많은 언론사가 디지털 혁신을 외치지만, 그중에서 제대로 앞을 향해 가고 있는 경우는 많지 않아 보인다. '디지털 퍼스트'를 외치며 통합 뉴스룸을 구축한 곳, 보도 본부 안에 뉴미디어국을 설치하며 보도국 기자를 대거 충원한 곳, '디지털·모바일 퍼스트'를 내세우고 방송용 리포트의 한계를 지적하며 혁신을 외치는 곳 등 아주 많은 언론사가 각자의 방식으로 혁신을 외치며 모바일 터닝시대를 맞이하고 있다. 하지만 디지털·모바일 혁신은 구호 속에서 맴돌 뿐이고 기존의 관성에 사로잡힌 경우가 대부분이다.

모바일 터닝시대의 핵심은 단순하다. TV나 신문으로 뉴스를 보는 사람은 갈수록 줄어들고 더 많은 사람이 손안에 있는 스마트폰으로 뉴스를 소비한다는 것이다. 더 이상 사람들은 조간 또는 석간신문이 발행되기를 기다리거나 저녁 8시 뉴스를 보기 위해 TV 앞에 앉지 않는다. 언제 어디서든 본인이 원하는 시간에 원하는 뉴스를 마음껏 탐독할 수 있는 시대가 도래했기 때문이다.

—

❝스마트폰, 새로운 참여저널리즘의 문을 열다❞

　　모바일 터닝시대는 참여저널리즘의 문을 더욱 활짝 열어놓았
다. 방송이든 신문이든 주요 특종은 주로 제보자에게서 나온다.
방송의 시청자나 독자가 핵심 소스(취재원)로 작용하며 뉴스 제작
의 일원이 된다. 이는 협소한 의미의 참여저널리즘이다. 스마트
폰이 대중화되면서 참여저널리즘의 범위도 무한대로 확장되는
모습이다. 시청자나 독자는 스마트폰을 통해 수많은 제보 영상을
실시간으로 보내온다. 지진이나 태풍이 발생했을 때 언론사가 자
체 취재망을 통해 사실을 확인하기 훨씬 전에 이미 시청자들이
보내온 제보 화면을 통해 방송이 이뤄진다. 지난 2016년 9월에 발
생한 경주 강진 당시, 지진 발생 2분 뒤부터 YTN의 제보 CMS를
통해 들어온 지진 관련 영상은 3시간 동안 천 건이 넘는다. 시청
자의 참여가 뉴스를 만든 셈이다. 이 같은 상황이 현실화되는 데
가장 큰 역할을 한 것은 바로 스마트폰이다. 따라서 스마트폰을
모바일 터닝시대의 주역이라 말해도 과언이 아니다.

I

모바일 터닝시대

손안의 또 다른 세상인 스마트폰은 우리의 일상을 전면적으로 바꾸고 있다. 인터넷이라는 무제한의 공간이 손안으로 들어오면서 우리는 모바일에 익숙해지는 상황 속으로 빠져들고 있고, 일상이 된 디지털 환경 속에서 남녀노소를 불문하고 디지털적인 깨어남, 즉 '디지털 어웨이크닝'을 겪고 있다. 디지털 어웨이크닝의 시대에는 뉴스 콘텐츠 유통 방식에서도 큰 변화가 이뤄진다. 각종 모바일 플랫폼이 여러 언론사의 콘텐츠를 소비자에게 동시다발적으로 공급하고, 페이스북을 중심으로 한 글로벌 SNS 플랫폼들은 큐레이션 미디어curation media의 속성을 강화하면서 언론사들의 위기의식을 더욱더 고조하고 있다.

: 모바일 新삼국지:
Facebook vs. Naver vs. Kakao

2016년, 대한민국의 모바일 뉴스 유통 시장은 기존과 조금 다른 모습으로 재편됐다. 네이버와 페이스북으로 양분됐던 뉴스 유통 시장에 카카오가 등장하면서 삼국지 체제로 재정립된 것이다. 그동안 카카오는 모바일 뉴스 유통에서 이렇다 할 '한 방'을 만들지 못했는데, 카카오 채널을 개편하면서 변화와 승기의 가능성을 점쳐 볼 수 있게 된 것이다 나는 카카오의 도진을 2016년 병신년에 카카오가 벌인 '병신사화'라고 비유한다.

2016년 병신년, 카카오톡의 '병신사화'

페이스북이 대한민국 모바일 뉴스 시장을 접수하기 위해 페이스북 코리아 진영을 세운 지 어느새 4년. 네이버와의 결전에서 나름의 성과를 거뒀지만 2016년 하반기까지도 페이스북의 진영은 여전히 혼란스러웠다. 전 세계적으로 20억 명을 인질로 붙잡은 페이스북이지만, 유독 대한민국에서는 어떤 전술과 전략을 써도 기대에 못 미친다. 미칠 노릇이다.

대한민국에서 페이스북의 가장 큰 적군은 네이버다. 네이버는 이미 대한민국 모바일 인구 대부분을 인질로 붙잡고 있다. 페이스북이 10대와 20대를 중심으로 전체 모바일 인구의 30% 정도를 인질로 확보하는 데 성공했지만, 네이버가 확보한 인질 수에 비하면 절반에도 미치지 못한다. '인스턴트 아티클Instant Articles'이라는 신무기를 대대적으로 보급했지만, 각 군(언론사)은 하나같이 명중률이 떨어진다고 하소연한다. 대한민국에서 유일하게 YTN이 기존 무기를 모두 인스턴트 아티클로 바꿨지만, 이 역시 전군을 놓고 보면 일부에 불과할 뿐이다.

2016년 병신년 하반기, 페이스북의 고민은 더 깊어진 모습이었다. 네이버와의 일전을 치르기도 버거운데 카카오톡 진영이 야심차게 군을 일으켰다. 이른바 카카오 채널. 안 그래도 카카오톡 때문에 페이스북 메신저가 대한민국에서만 제대로 된 취급을 못 받아 답답한 상황인데, 이번에는 카카오 채널을 일으켜 뉴스를 유통한다고 한다. 그동안 대기업에게서 군량미를 조달하며 명맥을 유지해왔던 카카오 채널. 몇몇 정예 군단(언론사)에게서 총기(기사)를 공짜로 지원받기로 했단다. 삼일천하에 그칠 것이 분명해 보였다. 2015년부터 카카오가 페이스북과 네이버를 상대로 일으켰던 모든 전쟁은 카카오의 완패로 끝났기 때문이다.

그런데 좀 이상하다. 카카오 채널이 전쟁을 일으킨 지 한 달이 채 되지 않았는데, 총기를 공짜로 보급했던 군단 모두에게 총기 값을 훨씬 뛰어넘는 군량미(UV*와 PV**)를 전달했다는 것이다. 군량미가 군단별로 가지고 있는 창고의 크기(서버 용량)보다 훨씬 많아서 창고 밖에 쌓아두는 상황까지 벌어졌다는(서버 마비) 이야

· UV(Unique Visiter): 웹사이트 순 방문자 수. 한 사용자가 YTN 홈페이지에 1번 방문하든 100번 방문하든 UV는 1로 계산한다.
·· PV(Page View): 웹사이트 페이지에 사용자가 접속한 수. YTN 홈페이지에서 같은 기사를 100번 클릭해서 보면 PV는 100으로 계산된다.

기도 들렸다. 위협적이다. 페이스북으로서는 네이버와 1 대 1로 싸우는 것도 힘든데, 이제 카카오 진영까지 가세한 형국이라 부담만 더욱 커졌다. 병신년 하반기에 카카오가 느닷없이 일으킨 카카오톡 병신사화. 일단은 성공한 모습이었다.

사실, 카카오톡 진영은 다음군과 연합하면서 군단의 규모는 엄청나게 커졌다. 하지만 진영 내부에서 갈등과 반목이 커지면서 사령관들이 중지를 모으지 못했다. 그동안 우왕좌왕 연전연패를 거듭해왔던 것이 현실이다. 카카오톡 군단으로서는 내부 입지와 더불어 네이버와 페이스북 등 적진과 맞설 한 방을 만들기 위해 무던히 노력해왔다. 국내 정예 군단(주요 언론사)을 찾아 자존심 따위 버리고 머리를 조아리며 지원을 요청하기도 했다. 4천만 명이라는 카카오톡 병사들을 기반 삼아 모바일 뉴스 시장을 장악하겠다는 것이 핵심이었다. 하지만 대한민국 정예 군단들(언론사)은 하나같이 까다롭게 굴었다. 카카오톡군에 입영 원서를 낸 4천만 명 가운데 소년병과 노인병을 빼면 전투에 나설 인력이 그렇게 많지 않다는 판단 때문이었다. 그래도 카카오톡을 무시하고 모바일 전쟁을 이어갈 수 없는 상황인 만큼 각 군은 핵심 병사(주요 기사)들을 매일 지원해주기로 결정했다.

그런데 이변이 발생했다. 패기 있는 소년병과 노련한 노인병이 하루 종일 카카오톡 진영을 지키며, 때로는 적진에 침입하며 군량미(UV와 PV)를 확보해온 것이다. 카카오톡군은 의리를 지키겠다며 군량미를 확보하는 대로 바로바로 각 지원군 군단 본부에 보냈다. 이에 각 군단의 군량미 창고가 넘쳤다는 이야기도 들려

오며 앞으로의 승선 가능성에 한껏 고무된 모습이 펼쳐졌다.

2016년 병신년은 페이스북과 네이버가 국지전을 벌이며 각자의 전력을 확인하다 네이버의 승리로 마무리될 것이라는 게 전문가들 대다수의 예상이었다. 하지만 카카오톡 진영이 일으킨 '병신사화'가 예상 밖의 성과를 내면서 네이버와 페이스북의 양자 대결 구도는 삼국지 체제로 재편됐다. 결론 역시 어떻게 날지 아무도 예상하기 어렵다. 카카오톡 병신사화의 효과가 언제까지 이어질지, 대한민국의 모바일 삼국지 체제가 어떻게 결판날지는 아무도 모른다. 하지만 정유년을 기점으로 이 체제의 명운을 가를 주요 분기점이 마련될 것이라는 점만은 분명해 보인다.

: 페이스북 성패의 기준: 도달

새벽 3시, 또 잠에서 깼다. 스마트폰으로 시간을 확인한 뒤 나도 모르게 페이스북 애플리케이션을 켠다. 페이지 운영 성과 등 각종 기록을 보여주는 YTN 페이지의 '인사이트'를 본다. 주간 도달 2400만. 어제보다 조금 올랐다. 안심이 된다. 다시 잠에 든다.

다음 날 새벽, 어김없이 새벽녘에 눈을 떴다. 역시나 페이스북 도달 수치부터 확인한다. 어제보다 500만 정도 떨어졌다. '왜 떨어졌을까.' 페이지 게시물을 일일이 확인하며 게시물별 도달 수치를 살펴본다. 30분이 지났다. 의식이 잠에서 완전히 독립한 것 같다. 시계를 바라본다. 새벽 4시다. 다시 잠자리에 들까 말까 고민하다 그러기 힘들 것 같아 계속 스마트폰 탐색에 나선다. 오늘 하루는 새벽 4시부터 시작됐다.

페이스북의 한 달 이용자는 전 세계적으로 20억 명이 넘는다. 전 세계 인구의 4분의 1이 사용하는 셈이다. 말 그대로 글로벌 플랫폼이다. 전 세계 거의 대부분의 언론사는 모바일 뉴스 유통 창구로 페이스북을 활용한다. 신문 발행 부수와 방송 시청률을 따지듯이 페이스북에서는 내 게시물이 몇 사람에게 '도달'했는지를 따진다. YTN의 페이스북 운영을 실무적으로 책임지는 나 같은 사람이 새벽잠을 설쳐가며 '도달 수치'에 집착하는 이유다.

'도달'은 페이스북이 가장 중요하게 생각하는 지표다. 사실 페이스북의 성패를 따지는 지표는 여러 가지가 있다. 페이스북 도입 초기에는 '좋아요Fan'의 수가 중요했다. 내 페이지를 좋아하는 사람의 규모가 해당 페이지의 성공 여부를 가늠하는 지표다. 하지만 '좋아요'를 눌렀어도 이후 해당 페이지를 방문하지 않거나 그 페이지의 게시물을 소비하지 않는다면 '좋아요' 수가 지닌 의미는 반감된다. 더욱이 '좋아요' 수는 페이지 관리만 꾸준히 한다는 전제가 붙으면 대체로 시간에 비례한다. 가속도에 차이가 있을지 몰라도 시간이 지나면 '좋아요' 수는 일단 늘게 돼 있다.

이런 이유로 어느 기점을 넘어서면 게시물에 대해 이용자들이 어떻게 반응하는지를 종합한 지수인 PISPost Interaction Score가 중요하게 다뤄진다. 페이스북 이용자는 게시물을 보고 좋거나 싫다는 반응이나 공유 등의 반응을 하는데, 이를 수치로 종합해 확인할 수 있는 것이다. 다행히 YTN 페이스북 페이지의 PIS 지수는 국내

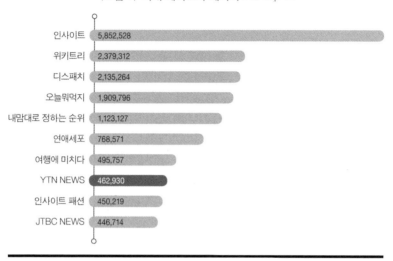

〈그림 1〉 국내 페이스북 페이지 PIS Top 10

인사이트	5,852,528
위키트리	2,379,312
디스패치	2,135,264
오늘뭐먹지	1,909,796
내맘대로 정하는 순위	1,123,127
연애세포	768,571
여행에 미치다	495,757
YTN NEWS	462,930
인사이트 패션	450,219
JTBC NEWS	446,714

주: 2017년 1월 23~29일 집계 상황.
자료: Bigfoot9.

기성 언론 가운데서는 압도적인 1위를 유지하고 있다(〈그림 1〉).

그런데 조금 더 시간이 지나자 PIS에 대한 의구심이 생기기 시작했다. 내가 그랬다는 것이 아니라 페이스북이 의구심을 갖기 시작했다는 것이다. 이용자들의 특성을 자세히 봤더니 게시물을 소비하면서 반응하지 않는 사람도 매우 많다는 점이 확인된 것이다. 그래서 페이스북은 '타임 스펜트Time Spent'라는 지수를 가장 중요한 지표로 여긴다. 이 지수는 이용자들이 해당 페이지와 게시물에 얼마나 많은 시간을 사용했는지를 나타내는 수치인데, 페이스북 내부 수치여서 비공개 지수다. 쉽게 말해 페이스북 페이지 운영자도 내 페이지의 타임 스펜트가 얼마나 되는지 알 수 없다.

다만 페이스북은 이런 힌트를 준다. 타임 스펜트와 가장 방향성이 비슷한 지수는 '도달'이라고 말이다. 도달 수치가 좋으면 타임 스펜트가 좋고, 반대의 경우에도 마찬가지의 공식이 성립한다는 의미다. 오늘 새벽에도 내일 새벽에도 도달 수치를 확인하며 새벽잠을 설칠 수밖에 없는 가장 결정적인 배경이기도 하다.

다행히도 YTN 페이스북 페이지의 도달 수치는 꾸준히 선두권을 유지하고 있다. 주간 도달은 2천만에서 3천만 가까이 유지되고 있고, 기간을 월간으로 늘리면 1억 2천만에 달한다. 이는 한 달 동안 YTN의 페이스북 게시물이 1억 2천만 명에게 선달된다는 의미다. 여기에 YTN Star, YTN Sports 등 YTN 계열의 각종 페이지의 도달 수치까지 합하면 그 수는 더 크게 늘어난다. 통상 주간 도달이 천만 정도만 나와도 굉장히 잘 나온 수치라고 분석하는데, 지난 2016년 7월부터 YTN 페이스북 페이지의 도달 수치는 그 이전과 비교해 세 배 정도 급증했다. 국내 기성 언론 가운데 압도적인 1위를 기록한 것이다. 또한 도달 수치도 유례없게 잘 나오고 PIS도 잘 나오는 셈이다. 새벽에 잠을 설치는 피로도를 감내할 수 있을 정도의 기분 좋은 성취이기도 하다.

페이스북은 YTN 페이지의 도달 수치가 급증한 것을 놓고 이렇게 설명한다. '알고리즘을 탄 것 같다.' 페이스북 페이지 운영자들이라면 다들 느끼겠지만 이 알고리즘이라는 것이 좋게 말하면 사람의 손을 타지 않는 자동화를 의미하지만, 나쁘게 말하면 대체 어떤 기준으로 어떻게 이뤄진 것인지 도통 알 수가 없다는 뜻이다. 더욱이, 페이스북이 내부적으로 알고리즘을 바꾸기라도 하면 그 효과는 즉각적으로 나타닌다. 상황에 따라 긍정적일 수도 부정적일 수도 있다. 다시 말해, YTN 페이스북 페이지가 지금은 매우 훌륭한 아웃풋을 내고 있지만, 우리가 '알고리즘을 제대로 타지 못하거나' '페이스북이 우리에게 불리한 어떤 조건으로 알고리즘을 바꾸면' 우리의 도달 수치는 어떻게 될지 아무도 모르는 것이다.

글로벌 플랫폼에서 압도적인 성취를 이루고 있다는 것은 상당한 자부심으로 작용할 수 있다. 더욱이, 신문과 방송 등 레거시 미디어legacy media가 고전을 면치 못하는 상황에서 모바일 뉴스 유통과 제작에서 YTN이 선두에 서 있다는 것 자체가 의미를 부여하기에 충분하다. 문제는 하루하루 급변하는 모바일 시장에서 이 중요한 성취가 어떻게 바뀔지 아무도 예측할 수 없다는 점에 있다. 이에 따른 불안감은 때와 장소를 가리지 않고 엄습한다. 1980년대의 한 노래 가사처럼 '그대 이름은 도달~도달~도달, 왔다가 사라지는 그대'가 되지 않기만을 바라며 하루하루를 달렸던 것이 디지털 부문 실무책임자로서의 내 모습이었다.

: 페이스북, 미디어로 한 발 더:
인스턴트 아티클 ❶

"인스턴트… 뭐?"
인스턴트라는 단어는 커피와 가장 잘 어울린다고 생각했던 나로서는 단어 자체가 귀에 들어오지 않았다. 자칭 '디지털 맹인'으로서 충분히 그럴 수 있다고 위로할 뿐이었다. 전임자에게 업무를 인수하면서 '인스턴트 아티클' 이슈를 전해 들었을 때 이 인스턴트인지 뭔지 하는 녀석이 나의 2016년 여름, 가장 큰 스트레스로 작용하게 될 줄은 미처 몰랐다.

쉽게 말해 인스턴트 아티클은 페이스북 안에서 뉴스를 소비하게 하는 페이스북의 뉴스 포맷이다. YTN이 페이스북 페이지에 기사를 올리고, 페이스북 이용자가 이 기사를 보기 위해 클릭하면 YTN 홈페이지로 이동해 뉴스를 보게 된다. 이용자가 YTN 홈페이지로 온 상황이기 때문에 이때 발생하는 트래픽 역시 YTN이 챙길 수 있게 된다. 페이스북은 뉴스 유통의 메신저 역할을 하게 되는 셈이다.

하지만 페이스북은 페이스북 밖으로 이용자가 나가는 것을 원치 않는다. 페이스북 안에서 더 많은 시간을 보내며 뉴스도 소비하고 각종 정보를 접할 수 있기를 바란다. 그래서 도입된 것이 '인스턴트 아티클'이다. YTN이 인스턴트 아티클로 기사를 올리면 이용자가 기사를 클릭했을 때 YTN 홈페이지로 넘어오지 않고 페이스북의 또 다른 페이지로 '쉭'하고 '인스턴트하게' 넘어간다. 이용자 입장에서는 YTN 홈페이지로 넘어오는 시간을 쓸 필요 없이 더 빠르게 게시물을 접할 수 있는 것이다.

문제는 이렇게 될 경우 YTN은 인터넷 트래픽을 얻을 수 없게 된다. 그래서 페이스북은 미끼를 던진다. 인스턴트 아티클로 기사를 올리면 중간에 배너 광고를 넣어서 광고 수익을 언론사에게 건네겠다는 것이다. 언론사가 직접 유치한 광고일 경우에는 언론사가 광고비를 100퍼센트 가져가고, 페이스북 광고팀이 유치한 광고일 경우에는 언론사가 70퍼센트, 페이스북이 30퍼센트를 나눠 갖는 구조다. 얼핏 구미가 당겼다. 국내 기성 언론 가운데 페이스북을 가장 잘 운영한다는 평가를 받는 우리로서는 '광고 수익'이 덤으로 따라올 수도 있다는 가정을 할 수 있었기 때문이다.

그런데 국내에서 분위기가 썩 호의적이지 않았다. 인스턴트 아티클이 돈이 안 된다거나 페이스북의 가장 중요한 지표 가운데 하나인 '도달' 수치를 떨어뜨린다거나 등의 내용을 담은 기사들이 잊을 만하면 한 번씩 올라왔다. '대체 뭘까.' 반면에 ≪워싱턴포스트≫나 ≪뉴욕타임스≫ 등 미국의 내로라하는 언론사들은 페이스북 게시물을 거의 대부분 인스턴트 아티클로 올린다. 국내에서는 모든 기사를 인스턴트 아티클로 올리는 언론사가 없었다. 결국, 해볼 만한 가치가 있다는 판단에 따라 YTN이 '국내 첫 100% 인스턴트 아티클'이라는 실험을 하게 됐다.

모든 기사를 인스턴트 아티클로 올리기 위해서는 무엇보다 자동화 시스템이 전제가 돼야 한다. 사람이 기사 하나하나를 직접 코딩해가면서 인스턴트 아티클로 변환하면 품이 너무 많이 들어 자칫 전체 워크 플로work flow의 균형이 깨질 수도 있기 때문이다. 연구개발팀에서 3개월에 걸쳐 자동화 시스템을 구축했다. 그리고 2016년 8월 1일, YTN은 국내 언론사 가운데 처음으로 모든 아웃링크 기사를 인스턴트 아티클로 게재했다.

2016년 8월 한 달이 참 길게도 느껴졌다. 자동화 시스템에 예상치 못한 오류가 잇따랐고, 대체 어디서부터 잘못된 것인지 역추적해야 하는 경우가 이어졌다. 각각의 경우마다 대응을 한다는 것이 보통 신경 쓰이는 일이 아니었다. '페이스북은 대체 이런 포맷은 왜 만들어가지고'라는 생각을 하루에도 열 번씩 되뇌었다. 더욱이 광고 수익의 규모도 무척이나 궁금했다. 물론 아주 큰 수익을 기대한 것은 아니다. 페이스북조차 인스턴트 아티클로 큰돈을 기대해서는 안 된다는 신호를 꾸준히 보내왔다. "조직을 운영할 정도의 돈을 기대해서는 안 된다." 페이스북 코리아 관계자의 말이었다. 우리 역시 큰 수익을 기대한다기보다 유수의 해외 언론들이 사용하는 인스턴트 아티클 자체가 궁금했다. 대체 왜 국내 언론사들은 인스턴트 아티클에 관심이 없는지도 궁금했다.

그렇게 한 달이 훌쩍 지나고 9월이 돼서야 자잘한 오류들을 대체로 붙잡았고 '자동화'의 구색도 갖췄다. 9월 첫날이 되면서 8월 한 달 동안의 수익을 분석했다. 역시 많지는 않았지만 그렇다고 적지도 않았다. '약간의 UV를 버리고 얼마의 돈을 번다.' 크게 손해 보는 장사는 아니라고 생각했다. 물론 일부 회사 지도부의 시선은 그리 곱지만은 않았다. 그 정도의 돈을 벌기 위해 몇 팀이 달려들어 몇 달을 보내야 했느냐는 차가운 시선도 느껴졌다. 하지만 크게 신경 쓰지는 않았다. 글로벌 플랫폼인 페이스북에서 우리는 괄목할 만한 성취를 이뤄내고 있었고, 페이스북의 주력 모델에 적극적으로 발맞춰 가면서 파트너십을 강화하고 있었으며, 돈으로 환산할 수 없는 가치가 하루하루 축적되고 있었기 때문이다.

뉴스 포맷으로서 인스턴트 아티클은 시작에 불과하다. 페이스북은 인스턴트 아티클을 시작으로 아주 다양한 수익 모델을 제시하고 있고, 이 부분은 더 확대될 수밖에 없을 것이다. 페이스북이 전 지구에서 벌이는 다양한 시도를 보면 무엇 하나 단순하게 끝나지는 않을 것 같다는 느낌을 받는다. 어쨌든 지난 2016년 여름에는 너무 시달려서 그런지 당분간 인스턴트 아티클은 별로 생각하고 싶지 않았다. 회사에도 '앞으로 인스턴트 아티클은 자동화로 진행할 것이고 인스턴트 아티클과 관련한 보고는 한 달에 한 번 수익만 보고하겠다'라고 보고 절차도 마쳤다.

이 정도로 인스턴트 아티클 자동화 구축 작업은 내게 큰 스트레스 요소로 작용했다. 하지만 이 정도 스트레스가 충분히 감당할 만한 것이라는 점은 그해 연말에 서서히 드러나기 시작했다. 페이스북이 광고 종류를 다변화해 기존 단일 배너 광고에서 멀티배너 광고로 종류를 확장하고 단가가 높은 동영상 광고가 인스턴트 아티클에 삽입되면서 상황이 크게 바뀐 것이다. 수익은 당초 예상했던 규모보다 3~4배 정도 더 높게 나왔고, 앞으로 이 수치는 좀 더 늘어날 것으로 전망된다.

우리가 처음 페이스북에 올인All-in하겠다고 했을 때, 그 이후 어느 정도 성과가 나고 대외적으로 인정받기 시작했을 때 많은 사람이 이런 질문을 했다. '그래서, 그게 돈이 돼?' 그럴 때마다 얼버무리고 넘어가면서도 늘 속으로는 '돈이 돼야 하는데, 결국에는 기업 논리를 외면할 수 없는데' 하는 아쉬움을 떨쳐낼 수 없었다. 하지만 인스턴트 아티클이 우리가 네이버에게서 받는 연간 전재

료의 절반 정도를 자동 수익으로 안겨주는 시스템으로 구축되면서 이제 우리는 두 마리 토끼를 모두 잡을 수 있게 됐다. 페이스북을 통해 우리의 콘텐츠를 월간 1억 2천만 명에게 도달시키는 영향력과 함께, 페이스북을 통한 수익화를 이뤄냈기 때문이다.

: 페이스북, 미디어로 한 발 더:
인스턴트 아티클 ❷

2016년 연말과 2017년 연초는 여러모로 정신없이 지나갔다. 최순실 게이트 때문이었다. 주말이면 광화문은 촛불로 뒤덮였고 다른 한쪽에서는 태극기가 휘날렸다. 뉴스는 넘쳐났다. 초유의 사태에서 고민도 깊어졌다. '기존의 온에어가 아닌 온라인, 특히 페이스북을 통해 어떤 콘텐츠를 유통할 것인가', '어떻게 인스턴트 아티클을 수익화로 연결할 수 있을까', '100% 인스턴트 아티클을 시도한 지 6개월을 맞아 수익 모델의 성공 여부를 어떻게 파악할 것인가' 등등. 막연한 고민과 함께 불안도 깊어갔던 시절이었다.

일단 인스턴트 아티클의 큰 방향성은 유지하기로 결론을 내렸다. 아주 큰 수익은 아니지만 아무것도 하지 않아도 팀원 몇 명의 월급에 해당하는 돈이 현금으로 들어왔기 때문이다. 그리고 한 가지 기대를 품었다. 최순실 사태를 계기로 급증한 뉴스의 양과 소비 덕분에 페이스북을 통해 인스턴트 아티클로 유통되는 우리의 기사량도 늘고 도달 수치 역시 월간 1억 2천만 명을 유지하고 있었기 때문에 인스턴트 아티클의 수익도 함께 늘어날 것이라는 기대였다.

그런데 이상했다. 수익이 늘긴 늘었는데 몇 십만 원에 불과했다. 도달 수치가 유지된 상황에서 뉴스의 양과 비례해 수익이 늘지 않았다. 무언가 잘못됐다는 판단이 섰다. 하지만 원인 분석이 되지 않았다. 논리적으로는 문제점이 드러나야 하는 구조인데, 어디를 찾고 뒤져도 문제점이 발견되지 않았다. 연구개발팀에게도 요청해 기술적 구조까지 다 살펴봤지만 찾을 수가 없었다.

결국 포기하고 페이스북 코리아에 문의를 했다. 다행히도 페이스북 코리아의 YTN 담당자가 친구, 정확히 말하면 군대 동기였다. 대놓고 물어봤다. '인스턴트 아티클 자체의 분량이 늘어났고 뉴스 소비 역시 급증한 상황에서 수익이 늘지 않은 상황이 이해가 되지 않는다'라고 문제 해결을 요청한 것이다. 페이스북 코리아 역시 당황스러워했다. 산술적으로도 논리적이지 않은 상황이었기 때문이다. 페이스북 코리아는 싱가포르에 있는 아시아 본부에 YTN 페이스북 페이지에 대한 점검을 요청했다. 일주일 뒤에 결과가 나왔다. 원인도 파악됐다. 그런데 조금 어이없는 상황이라는 점을 알게 돼 우리 모두 헛웃음을 참아내지 못했다.

문제는 이랬다. 통상 인스턴트 아티클에 붙는 광고는 스틸 광고다. 쉽게 말해 이미지 한 장의 광고가 기사 중간중간에 붙는 것이다. 짧은 기사에는 광고가 한 개 정도, 긴 기사에는 세 개 정도가 붙는다. 광고를 단순히 보는지 아니면 직접 클릭해서 광고에 들어가는지, 해당 광고에서 구매 또는 설문 등에 참여하는지 등에 따라 우리에게 돌아오는 광고 단가가 달라진다. 물론 광고를 단순히 보는 것보다는 직접 클릭하는 것이 단가가 더 높고, 구체적 행위로 이어질 때가 가장 높다.

페이스북은 언론사의 수익 향상을 위해 이 인스턴트 아티클에 붙는 광고를 다양화했다. 먼저, 이미지 광고 한 개가 붙는 자리에 여러 개의 광고를 붙여 슬라이드 형식으로 광고를 늘렸다. 광고 하나만 붙어 있었던 예전과 달리 지금은 눈에 보이는 광고를 좌우로 넘기면 또 다른 광고 두 개 정도가 나타나는 것이다. 그만큼 광고 수익도 높아진다. 또 긴단한 동영상 광고노 가능해졌다. 당연히 이미지 광고보다는 동영상 광고의 수익이 더 많다. 문제는 YTN 페이스북 페이지를 총괄하는 내가 멀티 배너 광고와 동영상 광고를 활성화하지 않았다는 것이다. 솔직히 그런 기능이 생긴지도 몰랐고, 아무도 내게 그런 기능이 있다는 것과 챙겨야 한다는 것을 말해주지 않았다. 누가 시키지 않아도 페이스북의 변화 흐름을 따라가야 하고 모니터를 잘해야 했는데 그러지 못한 안일함이 이런 실수로 이어진 셈이다. 그나마 이런 기능이 생긴 지 일주일 정도밖에 안됐다는 상황이 위안 아닌 위안으로 작용했다.

각종 광고를 모두 활성화했더니 이제야 기대했던 수익에 근접한 결과들이 나오기 시작했다. 기존보다 3~5배 정도 수익이 늘어나면서 연간 수익으로 따졌을 때는 적지 않은 수익화가 현실화되는 단계로 접어든 것이다. 드디어 페이스북을 통한 유의미한 수익화가 인스턴트 아티클로 이뤄지기 시작한 셈이다.

YTN이 본격적으로 페이스북에 공을 들이기 시작한 시점은 지난 2015년 가을이었다. 그때부터 인력과 돈을 투자해 페이스북을 YTN의 핵심 모바일 플랫폼으로 만드는 데 성공했고 시장의 주목을 이끌어냈다. 하지만 '돈이 되느냐'는 질문 앞에서 우리는 초라해질 수밖에 없었던 시간이었다. 그렇게 일 년 반 만에 페이스북을 통한 유의미한 수익화가 이뤄지지 시작했다는 점은 시사하는 바가 크다. 사실상 네이버를 제외하고는 뉴스 제작자가 돈을 벌기 쉽지 않은 모바일 유통 플랫폼 시장에서 글로벌 플랫폼이 수익 모델이 될 수 있다는 점이 입증됐기 때문이다. 더욱이 페이스북은 2017년 안에 페이스북에 올리는 동영상 콘텐츠를 통해서도 수익화가 가능하게끔 전략을 짜고 있었다. 어떤 방식인지는 최종 결정되지 않았지만 유튜브처럼 동영상 시작 전에 광고가 붙는 프리롤, 동영상 중간에 광고가 나오는 미드롤, 동영상을 다 본 후에 광고가 나오는 엔드롤 등의 광고가 거론되고 있었다. 동영상 콘텐츠에 붙는 동영상 광고는 기존 배너 이미지 광고보다 광고 수익이 세 배 정도 높다는 점을 감안하면 언론사가 페이스북을 통해 적잖은 수익을 이끌어낼 수도 있다는 전망이 가능해진다. 이런 큰 틀에서 전망해본다면 YTN 역시 2017년에 페이스북에서 벌어들일 수 있는 수익이 어느 해보다 크게 급증할 것이라고 예상할 수 있다.

물론 페이스북을 통해 돈을 벌 수 있다는 것이 언론사에게 막연한 파라다이스가 될 수는 없다. 이제는 소셜 네트워크에서 끊임없이 소셜 미디어를 향한 노력을 이어가는 페이스북인 만큼 전세계 언론사가 페이스북에 종속될 수 있는 가능성 역시 더 높아질 수 있기 때문이다. 다만 아직까지 그런 극단적인 결과를 예상 또는 예단하고 뉴미디어 전략을 짜기는 쉽지 않다. 대한민국 언론계의 뉴미디어 전략은 아직은 초기 단계이기 때문이다. 궁금하다. 2017년 한 해 동안 페이스북을 통해 우리 언론계는 어떤 변화의 몸부림을 하고 어떤 도전의 환경에 처하게 될 것인지!

In-Depth Summary

—

페이스북 인스턴트 아티클

    페이스북이 《뉴욕타임스》, 버즈피드, 《내셔널 지오그래픽》, BBC, 《슈피겔》 등 주요 언론사들을 상대로 지난 2015년 5월 선보인 기사 제공 서비스다. 인스턴트 아티클은 말 그대로 아티클(기사)이 인스턴트(즉각적)로 보이는 포맷으로, 사용자가 페이스북 안에서 머무르며 뉴스를 소비할 수 있는 '인링크' 시스템을 기본으로 한다. 통상적으로 페이스북에 올라오는 기사를 클릭하면 그 기사를 보기 위해 해당 언론사로 '아웃링크'되는 형식을 띠는데 페이스북은 인스턴트 아티클을 통해 '인링크' 시스템을 도입해 이용자들이 더 오랜 시간 페이스북에 머물 수 있도록 유도했다. 이를 비판적으로 바라보는 일부 언론과 미디어 비평가들은 인스턴트 아티클에 대해 페이스북이 만든 '가두리 양식장'이라는 비판을 내놓기도 했다.

    페이스북은 인스턴트 아티클 도입을 통해 언론사가 '아웃링크'로 발생하는 트래픽을 얻을 수 없는 것과 관련해 광고 수익을 제시하고 있다. 인스턴트 아티클에는 기사 중간중간에 배너 광고가 붙는데, 이 광고비를 언론사와 페이스북이 7 대 3으로 나누는 방식이다. 다시 말해, 언론사는 아웃링크로 발생하는 트래픽 (UV, PV)을 포기하는 대신 광고 수익을 얻는 셈이다.

    해외의 경우 《뉴욕타임스》와 《워싱턴포스트》 등 유수 언론들이 모든 기사를 인스턴트 아티클로 올리며 페이스북이 선보인 포맷에 상당히 적극적으로 반응하고 있다. 하지만 국내 언론사들의 경우에는 인스턴트 아티클을 통해 발생하는 광고 수익이 예상보다 적다는 이유로 적극적으로 사용하는 언론사가 드문 형편이다. 지난 2016년 8월 기준 국내에서는 YTN만이 모든 텍스트 기사를 인스턴트 아티클로 올리는 자동화 시스템을 도입해 운영하고 있다.

: 라이브의 신기원:
페이스북 라이브 카메라

처음 앵커를 맡아 방송을 진행할 때 나를 가장 괴롭힌 것은 스튜디오 카메라의 '탈리'였다. 앵커석 맞은편에는 스튜디오 카메라가 세 대 정도 있는데, 풀 샷과 바스트 샷 등 각종 화면을 다양하게 잡아낸다. 세 대 가운데 실제로 방송에 나가는 영상을 잡는 카메라 위에는 빨간 불이 켜지는데, 이것을 탈리라고 한다. 앵커는 피디 콜을 듣고 앉아서 1번부터 3번까지 탈리가 켜지는 카메라를 응시해야 한다. 초짜들에게는 참 긴장되는 순간이라 할 수 있다.

앵커로서 내가 조금 긴장하면 될 뿐이고 카메라별로 빨간 탈리가 꺼졌다 켜졌다 하면서 방송 영상이 다채로워지는 모습을 보면 이런 게 기술의 발달인가 하는 느낌도 더러 든다. 특히 요즘에는 스튜디오 위에서 좌우상하를 자유롭게 오가는 지미집 카메라도 흔하게 사용되니 방송의 다채로움을 위한 기술의 확장 속도는 참 빠른 것 같다는 느낌도 지울 수 없다.

이 정도 방송 기술만으로도 놀랐던 나에게 페이스북 라이브 카메라는 일종의 혁명적 장비로 인식됐다. 쉽게 말해, 페이스북 라이브 카메라는 광각렌즈를 이용해 조그만 카메라 한 대로 다양한 화면을 구현해낼 수 있게 만들어진 제품이다. 주먹만 한 카메라와 아이패드를 블루투스로 연결하면 아이패드에는 이 카메라로 담을 수 있는 화면 여섯 개 정도가 뜬다. 사용자가 아이패드에 뜬 화면 가운데 하나를 선택하면 페이스북 라이브 화면으로 송출된다. 그 옆에 있는 다른 화면을 선택하면 그 화면으로 영상이 송출된다. 쉽게 말해 주먹만 한 이동형 카메라 한 대가 기존에 스튜디오 카메라 여섯 대가 하는 역할을 해내는 셈이다. 지금의 디지털·모바일 혁신이 어디까지 왔는지를 보여주는 대표적인 사례다.

페이스북 라이브 카메라는 뉴미디어가 올드미디어에 보내는 거대한 위협의 신호다. 이제 개인으로서 나는 방송국을 소유하지 않아도 몇 십만 원이면 살 수 있는 페이스북 라이브 카메라 하나로 수천만 원에 달하는 스튜디오 카메라의 효과를 내며 라이브 방송을 만들어 내보낼 수 있다. 기존 방송사가 페이스북의 라이브 기능을 적극적으로 활용하고 이용자 역시 적극적으로 반응하고 있는 점을 고려하면 페이스북 라이브 카메라는 그 자체로 레거시 미디어에게는 위협이고, 뉴미디어를 이용하는 콘텐츠 제작자에게는 기회가 되는 셈이다.

더욱이 페이스북이 전용 라이브 카메라를 시중에 출시한다는 점에서 짐작할 수 있듯이 페이스북은 라이브에 사활을 건 모습이다. "시간이 지나서 제작된 동영상 뉴스는 더 이상 새롭new지 않다." 페이스북이 라이브를 얼마나 중요하게 바라보는지를 설명하는 페이스북 코리아 관계자의 말이다. 라이브를 통해 실시간의 살아 있는 상황을 전달하고, 이를 통해 진정한 뉴스News의 개념을 실현하려는 의지로 해석된다.

페이스북이 라이브 방송에 중간 광고 등의 형식을 도입해 이를 수익 모델로 진화시키려는 것은 페이스북을 뉴스 유통의 주요 플랫폼으로 삼고 있는 언론사들에게는 굉장히 매력적인 포인트다. 특히 동영상에 붙는 광고이기 때문에 인스턴트 아티클처럼 텍스트 기사에 붙는 배너 광고보다는 광고 단가가 대략 세 배 정도 높을 것으로 전망된다. 언론사, 특히 방송사에게는 페이스북 라이브 포맷이 단순한 생방송 송출의 의미를 넘어서 방송 수익화로 접근할 수 있는 활로인 셈이다.

이런 이유로 대한민국 언론사들은 페이스북 라이브를 놓고 다양한 시도를 하고 있다. 현장에 나가서 라이브 방송을 물리기도 하고, 스내커블 콘텐츠snackable contents 제작 과정을 라이브로 선날하기도 한다. 아예 제작물 전체를 TV로 방송하는 동시에 페이스북으로도 송출되게 하는 시도도 이어가고 있다. 다시 말해, YTN의 TV 생방송 뉴스를 페이스북에서도 실시간으로 볼 수 있다는 것이다.

아직 국내에서 페이스북 라이브에 대한 반응은 폭발적이지 않다. 하지만 그 잠재력까지 함부로 평가할 수는 없을 것 같다. 지난 2016년 11월 진행된 미국 대선 방송에 대한 CNN의 페이스북 라이브에서 실시간 동시 접속자 수는 7만 명을 넘어섰다. 이제 사람들은 TV로 뉴스를 보는 것처럼 자연스럽게 페이스북을 통해 실시간 뉴스를 소비한다.

이 같은 상황이 국내에서도 더 익숙해지고, 페이스북 라이브가 광고 수익 모델로 진화하고, 지금 온에어에 집중된 광고 수익이 모바일로 더욱 빠른 속도로 넘어온다면 어떨까? 페이스북은 뉴스 유통에서 더 큰 영향력을 발휘하며 그 존재감을 더욱더 키워갈 가능성이 높다.

카카오를 비롯한 국내 모바일 플랫폼들도 페이스북 라이브와 비슷한 포맷을 도입할지 고민을 이어가는 것으로 알려져 있다. 결국 모든 것이 인터넷으로 연결된 이 시대에 뉴스는 말 그대로 새롭new거나 활발해야lively 그 생명력과 존재감을 드러낼 수 있게 된 것이 아닐까.

: 일상으로 침투한 페이스북 라이브

지난 2008년, 나는 막 수습 딱지를 떼고 세상 무서울 것 없이 나대는(?) 사건기자였다. 그해는 사회적으로 정말 뜨거웠다. 광우병 이슈가 온 사회를 뒤집었고, 당시 이명박 대통령에 대한 퇴진 요구가 빗발쳤으며, 촛불이 서울광장을 뒤덮었다. 2016년 우리 사회에서 벌어졌던 모습과 상당히 유사한 풍경들이 그때도 펼쳐졌다. 상황이 상황인지라 막내급 사건기자들은 정신이 하나도 없었다. 특히나 주말 촛불집회 때 현장에서 중계를 하는 일은 사건기자의 몫이어서 파김치가 되기 일쑤였다.

2008년 당시 우리를 정말 힘들게 했던 것은 YTN을 향한 사회적 공분이었다. 당시 YTN은 낙하산 사장 문제로 사내 파업 같은 큰 상흔을 겪고 있었다. 더욱이 광우병 촛불을 외면한 편파 보도에 대한 비판이 쏟아져 나오면서 YTN은 친정부 성향을 가진 '나쁜 언론사'라는 비판과 비난을 받아야 했다.

이런 분위기는 광우병 촛불집회 현장에서 그대로 나타났다. 생중계 방송을 하는데 생수병은 기본이고 달걀이 날아오기도 했다. 지나가는 시민의 '방송 좀 똑바로 해'라는 비판적 발언이 귓가에 스칠 때는 당시 초짜 기자의 열성에 힘입어 들이받을 뻔한 적도 한두 번이 아니었다. 생수병이 많이 날아와서 어느 순간부터는 중계차 위로 올라가 중계를 하기도 했는데, 그 위로 생수병을 던지는 시위대를 보며 한탄을 했던 기억은 2016년 최순실 사태를 계기로 불붙었던 촛불의 모습을 보면서 다시금 떠오르기도 했다.

　답답한 것은 그때나 지금이나 시간은 한참이나 지났는데 내가 몸담은 YTN은 여전히 비판의 대상에 머물러 있다는 점이다. 최순실 사태와 관련된 보도를 외면하며 어젠다 세터agenda setter로서의 역할, 공기公器로서의 역할을 당당히 외면한 당연한 벌이라고 생각한다. 그렇게 스스로를 위안하며 어쭙잖은 뉴스채널의 종사자로 전락한 우리 모습을 서로 바라볼 뿐이다.

　이런 어수선한 상황에서 힘들다는 감정을 느낄 때가 많지만 그래도 그때의 집회와 지금의 집회는 달라도 아주 다르다. 무엇보다 집회 의식의 성장이다. 100만 명이든 200만 명이든 모여서 환하게 촛불을 밝히고 끝이 나면 주변을 깨끗하게 정리한다. 언제 100만 명이 모였나 싶을 정도로 평화 시회를 이뤄낸 사회적 성숙이 이번 집회를 통해 확인됐다.

　이런 성숙의 가장 큰 요인은 페이스북이라고 생각한다. 좀 더 정확히 말하면 페이스북을 비롯한 SNS의 일상화이고, 또 다르게 표현하면 페이스북 라이브 덕분이다. 먼저 일반 시민의 경우를 보자. 너도나도 페이스북 같은 메신저를 통해 실시간으로 집회 상황을 주변인과 공유한다. 페이스북 라이브 기능을 통해 페이스북 친구들과 함께 집회 현장의 생생함을 고스란히 주고받는다. 일반 시민이 이렇게 디지털적으로 깨어난 상태로 디지털기기를 활용해 자연스럽게 행동하다 보니 주변에는 CCTV뿐만 아니라 수십, 수만 개의 카메라가 집회를 감시하는 상황이 펼쳐진 것이다. 경찰과 대치할 때 벌어지던 과격성과 폭력성은 이번 집회에 없었다. 전문가들은 수많은 스마트폰이 감시자 역할을 하면서 폭력 억제 효과가 발생했다는 분석을 내놓기도 했다.

스마트폰을 통한 실시간 감시 효과는 지난 2016년 서울 구치소에서 진행된 최순실 청문회에서도 분명하게 드러났다. 당시 박영선 더불어민주당 의원은 서울 구치소 수감동에서 페이스북 라이브를 통해 현장의 상황을 생생하게 전달했다. 박영선 의원의 방송 내용은 다음과 같다.

> 여기는 구치소가 아닌, 최순실 보호소다. 현재 국정조사를 방해하고 있다. 김성태 위원장 휴대폰을 겨우 받아 공개 방송을 하고 있다. 조금 전에는 구치소에서 무장한 병력까지 배치했다가 페이스북 라이브를 켜니 사라졌다. 제가 이 페이스북 라이브 방송을 하는 이유는 국회의원들이 위협을 느끼고 있기 때문이다.

페이스북으로 현장의 상황을 생중계로 전하는 순간 구치소는 더 이상 폐쇄적인 공간이 아니다. 수십, 수백만 명과 함께 공유하는 공개적인 공간이 된 것이다. 폐쇄와 익명 속에 가려진 폭력의 가능성을 페이스북 라이브가 차단해냈다고 볼 수 있는 부분은 바로 이 지점에 있다.

페이스북 라이브는 감시 효과와 더불어 타깃형 마케팅 효과도 가지고 있다. 페이스북은 페이스북 라이브를 이용자들이 일반적인 동영상 비디오보다 세 배 이상 오래 보는 포맷으로 판단하고 있다. 특히 나를 팔로우하는 사람들을 일차적 대상으로 하는 만큼, 연예인이나 정치인은 사용하기에 따라 더 큰 효과를 만들어 낼 수 있다.

미국의 경우 버락 오바마 전 대통령은 페이스북 라이브를 통해 마크 저커버그와 함께 현안에 대해 논의를 한 적이 있는데, 이 같은 소통의 형태가 오바마의 임기 말 레임덕을 줄였다는 분석도 나온다. 특히, 2016년 미국 대선 과정에서도 페이스북 라이브는 각 후보들의 선거 유세장 역할을 톡톡히 해냈다. 트럼프와 힐러리 모두 천만 명 이상의 팔로어를 가진 상황에서 실시간으로 유세 현장과 공약 내용 등을 적극적으로 전달했다.

국내에서는 문재인 대통령과 박원순 서울시장이 페이스북 라이브를 적극적으로 활용하는 사례에 해당한다. 두 사람 모두 40만 명 이상의 팔로어를 보유하고 있다. '최순실 게이트'가 한창이던 지난 2016년 12월 한 달만 놓고 보면, 두 사람은 모두 20번 이상 페이스북 라이브를 활용해 촛불집회 현장, 정책 토론회 등의 상황을 실시간으로 지지자들에게 전달했다. 이 같은 추세는 2017년 대한민국 19대 대통령 선거 과정에서도 각 후보 진영의 선거 전략에 적극적으로 활용됐다. 문재인 대통령의 경우 정책 토론은 물론이고 유권자들과의 만남 과정을 페이스북 라이브를 통해 생중계하는 방식으로 모바일 선거 전략을 적극적으로 활용했다.

물론 실시간 생방송이나 1인 방송이 페이스북에서만 가능한 것은 아니다. 더욱이 페이스북은 다른 경쟁 사업자들보다 더 늦게 라이브 기능을 통한 1인 방송 서비스를 시작했다. 하지만 지금 전 세계 1인 방송 시장의 주도권을 잡고 라이브에 주력하고 있는 것이 바로 페이스북이고, 20억 이용자들 누구나 마음만 먹으면 버튼 하나로 시작할 수 있는 것이 페이스북 라이브다. 모바일 터닝의 변화 양상을 이야기할 때 '감히' 페이스북을 빼놓고 이야기할 수 없는 배경이기도 하다.

: 페이스북 라이브 폴,
언론사들은 페이스북에 적응하는가? 적응당하는가?

미국 시장의 뉴미디어 변화 속도는 확실히 빠르다. 그렇다 보니 디지털뉴스팀 실무책임자로서는 조간신문을 보듯이 해외 뉴미디어 매체들을 모니터할 수밖에 없다. 국내 언론사의 뉴미디어 담당자들이 참고하는 필수 매체는 주로 버즈피드, 바이스미디어, ≪워싱턴포스트≫, ≪뉴욕타임스≫ 등이다. 사람마다 차이가 있지만 이들 매체에서 다루는 흐름을 보면 트렌드를 파악할 수 있는 경우가 많다. 페이스북 라이브 폴Live Poll 역시 이 같은 흐름의 일환으로 파악할 수 있다.

아마도 버즈피드였던 것 같다. 화면 왼쪽에서는 양변기에서 볼일을 보는 사람의 모습, 오른쪽에서는 일본식 변기에서 볼일을 보는 사람의 모습이 익살스러운 움직임으로 동영상 재생이 된다. 그리고 맨 위에 이런 질문이 있다. "당신은 앉아서 싸는 것이 편합니까? 쪼그려서 싸는 게 편합니까?" 기억이 정확하지는 않지만 이런 질문과 내용의 콘텐츠를 아무렇지 않게 위트와 재미를 더해 만드는 곳은 분명 버즈피드일 것이다. 그리고 아래 페이스북이 만들어놓은 '좋아요' 또는 '싫어요' 이모티콘을 누르면 숫자가 실시간으로 계산된다. 그러니까 페이스북이 만들어놓은 라이브 포맷 기능을 활용해 일종의 여론조사가 가능한 것이다.

정말 놀라웠다. 바보 같은 나로서는 페이스북의 라이브 기능을 발전시켜 저렇게 활용할 수 있다는 사실 자체가 신기했고 놀라웠다. 실무책임자로서 내가 더욱 바보스럽게 느껴졌다. 자책을 10분 정도 한 뒤 전체 팀 회의를 소집했다. 뉴스 에디터들을 중심으로 우리도 라이브 폴을 해보기로 결정했다. 다행히 최순실 게이트가 한창일 때여서 찬반 여론을 알아보기에 괜찮은 아이템이 많았다. 실험하기에 꽤 괜찮은 여건이 조성된 상황이었다.

이슈는 쉽게 도출됐다. '촛불집회를 어떻게 생각하느냐', '대통령 탄핵을 찬성하느냐 반대하느냐' 등 찬반 여론이 분명한 주제가 여러 개 도출됐다. 방식은 이랬다. 박근혜 전 대통령이 대국민 사과를 한 뒤 탄핵 여론이 조성됐을 때, 박 전 대통령의 사과 동영상을 라이브로 재생하고, 동영상에 질문 자막을 입혔다. "탄핵을 찬성하십니까? 반대하십니까?" 찬성하면 '좋아요', 반대하면 '싫어요'를 누르면 되는 상황이었다. 그런데 문제가 생겼다. '좋아요'와 '싫어요'의 개수를 일일이 계산해야 하는 것이었다. 일단은 한 사람이 달라붙어서 '좋아요'와 '싫어요'의 개수를 수동으로 세고 더했다. 첨단 디지털 시대에 뉴미디어 전담 부서에서, 그것도 좀 잘나간다는 매체에서 30년 전 방식으로 뉴미디어 플랫폼 콘텐츠를 만드는 상황이 벌어진 것이다.

참 다행스럽게도 첨단 뉴미디어 시대에 맞는 인력들이 우리 팀에 존재했다. 하루 만에 자동으로 '좋아요', '싫어요' 등을 계산하는 프로그램을 만들어낸 것이다. 더 정확히 말하면 유사 프로그램을 개조했다. 그때부터 자동 집계가 가능해졌다.

산 넘어 산이었다. 자동 집계가 가능해진 만큼 '좋아요', '싫어요', '별로예요' 등으로 선택지를 늘려도 보고 탄핵과 촛불 등의 이슈들을 지속적으로 라이브 폴로 돌려봤다. 그런데 가장 큰 문제, 사용자 반응이 별로였다. 최소 몇 천 명 정도는 참여를 해야 뉴스 콘텐츠로서 가치를 평가할 수 있는데, 적게는 100명 정도밖에 반응하지 않는 콘텐츠도 확인됐다. 아무래도 가성비가 떨어지다 보니 라이브 폴은 그 이후 상당히 제한적으로 활용되다 서서히 묻히는 상태로 접어들었다.

그렇지만 페이스북 라이브 폴을 통해서 여러 의미 분석을 할 수 있었다는 점을 확인한 것은 상당한 성과라고 볼 수 있다. 페이스북은 밥을 수저에 떠서 입에 넣어주지 않는다. 다만 밥상은 차려준다. 먹고 싶은 반찬을 만들어서 얼마큼 먹을지는 페이지 운영자, 다시 말해 우리 같은 뉴미디어 담당 부서의 인력이 결정하면 된다. 페이스북 라이브 폴 역시 페이스북이 만들어준 콘텐츠 포맷이 절대 아니다. 페이스북 라이브라는 큰 틀의 포맷을 언론사가 한 단계 더 끌어올려서 활용한, 언론사가 만들어낸 콘텐츠 포맷인 셈이다.

그래서 의문이 생긴다. 과연 페이스북은 이런 변수를 고려하고 페이스북 라이브 포맷을 만든 것일까? 언론사들은 페이스북에 적응하는 것일까? 아니면 적응당하는 것일까? 페이스북은 정말 어려우면서도 흥미로운 플랫폼이라는 점을 다시금 깨닫게 된 사례가 내게는 페이스북 라이프 폴이었다.

: '포켓몬 고' 페이스북 라이브,
뉴스와 스내커블 콘텐츠 사이에서

현실증강 게임 '포켓몬 고'가 출시됐을 때 전 세계는 난리가 났다. 닌텐도는 부활의 신호탄을 쏘아 올렸고, 사람들은 포켓몬 잡기에 혈안이 됐다. 운전 중 포켓몬 고를 하다 사고를 냈다는 소식, 걸어가며 포켓몬 고를 하다가 맨홀에 빠졌다는 소식들이 외신을 통해 쏟아졌다. 전 세계가 '포켓몬 고 신드롬'에 빠졌지만, 국내에서는 공식 출시되지 않았다. 다시 말해, 한국에서는 포켓몬 고 프로그램을 스마트폰에 깔아도 게임을 할 수 없다는 것이다. 그런데 이게 웬일일까. 속초에 포켓몬이 나타났다는 소식이 SNS를 통해 빠르게 퍼졌고 일반인, 연예인 할 것 없이 속초로 향하는 소식이 잇따랐다. 나중에 오보로 확인됐지만 속초행 버스 티켓이 매진됐다는 소식이 전해지기도 했다. 뉴스 콘텐츠를 만드는 사람으로서 나는 이 상황을 사회적 신드롬으로 해석할 수밖에 없었다.

가만히 있을 수 없었다. 디지털뉴스팀 에디터와 모바일 피디를 속초로 급파했다. 속초 해수욕장이든 어디든 포켓몬이 등장하는 곳으로 가서 포켓몬 고를 하는 모습을 페이스북 라이브로 진행하기로 했다. 한 사람은 실제로 포켓몬을 잡고, 다른 한 사람은 포켓몬 고를 하는 모습을 생생하게 페이스북 라이브에 담는 역할을 하기로 했다.

새로운 시도를 할 때면 늘 반응에 예민해진다. 특히나 이번 건은 단순히 말하면 오락하는 모습을 뉴스 콘텐츠로 판단하고 생중계를 진행하기로 결정한 것이어서 더욱 부담이 됐다. 또 뉴스전문채널인 YTN의 정체성에 과연 부합하는 것인지, 뉴스 콘텐츠의 연성화를 조장하는 시도는 아닌지 여러 고민이 머릿속을 맴돌았다. 하지만 사회적 현상인 것만은 분명해 보였다. 속초에 있는 한 학교에 포켓몬이 잇따라 출몰해 학생, 선생님 할 것 없이 포켓몬 잡기에 나섰다는 기사도 올라왔다. 이 정도 되면 고민할 필요가 없다. 우리는 계획대로 진행했다.

반응은 생각보다 뜨거웠다. 속초 해수욕장과 인근에서 처음 생중계를 40분 가까이 진행했는데, 1500명 정도가 실시간으로 라이브를 보고 있는 것으로 집계됐다. 실시간 댓글을 통해서도 호의적 반응이 상당했다. '나도 해보고 싶다', '어디 가면 많이 잡을 수 있냐', '왜 그것밖에 못 잡느냐'는 등의 사용자 참여가 이어졌다. 이렇게 올라온 댓글이 2천 개가 넘었고, 라이브 종료 이후 이 아이템을 소비한 사람의 수는 40만 명에 달했다.

반응이 확인된 만큼 새로운 시도를 중단할 수는 없었다. 몇 번 더 라이브를 진행하기로 했고, 속초 포켓몬 팀의 출장 기간도 하루 연장했다. 그런데 횟수를 더할수록 반응은 시들해졌다. 하루 뒤 설악산에서 라이브를 진행한 뒤에는 회사로 항의 전화가 빗발쳤다. 'YTN이 게임 방송이냐', '왜 뉴스는 안 내보내고 포켓몬 잡는 것만 라이브를 하느냐' 등의 내용이었다.

뉴스 콘텐츠와 스내커블 콘텐츠의 경계는 과연 무엇일까? 10년 넘게 저널리즘의 현장을 지켜오고 있지만, 이는 단편적으로 판단해 대답하기 어려운 질문이다. '포켓몬 고 라이브'는 정통 저널리즘의 영역보다는 모바일 스낵 콘텐츠로서 접근하는 것이 일견 타당해 보인다. 하지만 기존 저널리즘 영역에서 신성시하는 뉴스의 가치가 모바일 터닝시대에도 여전히 유효한 것인지는 여전히 풀리지 않는 의문이다. 텔레비전이나 신문을 통한 뉴스 소비는 줄어들고, 스마트폰을 통한 모바일 뉴스 소비가 늘어가는 지금의 시대에는 저널리즘의 기준과 가치 또한 새롭게 정리돼야 한다. 특히 기존 방송에서 길어봤자 3~5분 정도 생방송이 가능했던 것과 비교해 모바일 생방송은 사실상 제한이 없다. 밤을 새서 진행해도 아무런 문제가 없다. 아프리카의 석양부터 해가 떠오르는 아침의 모습까지 24시간 동안 생방송을 하는 것도 얼마든지 가능하다. 기존 저널리즘의 영역 안에서 판단하기에는 뉴스 콘텐츠의 기준과 범위가 너무나 크고 빠르게 확장된 것이다.

물론 레거시 방송사에서 일하는 방송 뉴스 종사자이다 보니 포켓몬 고 이후 스내커블 콘텐츠에 대한 모바일 생방송을 더 적극적으로 추진하지는 못했다. 아직 시장의 중심이 온라인이나 모바일보다는 온에어 방송에 초점이 맞춰져 있는 것이 한계 요인으로 작용한 것이다. 지금까지 겪어보지 못한 새로운 모바일 시대에는 뉴스에 대해 어떻게 정의내릴 수 있을까? 방송사 종사자든 대학생이든 포켓몬 고 라이브 중계 실력은 도긴개긴이다. 누구나 모바일 저널리스트가 될 수 있는 시대다. 그래서 더 어렵게 느껴지는 질문이다. 우리는 누구나 저널리스트인가? 뉴스의 경계는 누가 어떤 기준으로 재단할 수 있는가?

: '10억 유저'를 보유한 페이스북 메신저, 한국에서는 '고전'

마흔을 바라보는 내가 누나라고 부르는 사람은 딱 한 명 있다. 내가 누나를 처음 만난 때가 1996년이니 누나와 나는 벌써 20년 지기가 됐다. 누나와 나는 별을 보러 다니다 알게 됐다. 그때 나는 질풍노도를 겪던 중학교 3학년이었고, 누나는 대학 신입생이었다. 천문동호회를 통해 같이 전국을 돌아다니며 별을 보러 다녔고, 누나가 없던 나와 남동생이 없던 누나가 거의 친남매처럼 지내온 지 벌써 20년이다.

미술을 전공한 누나는 지금 독일에 살고 있다. 대학을 졸업하고 석사를 하겠다며 미국으로 건너간 때가 2000년 초반이었으니, 벌써 외국 생활을 한 지도 10년이 훌쩍 넘은 셈이다. 몇 년 전까지만 해도 뉴욕에서 월세 200만 원을 내고 산다는 이야기를 듣고 깜짝 놀랐었는데, 어느 순간 보니 독일에서 산단다. 이번(?) 남자친구는 불가리아 남자라는 얘기를 듣고 왜인지 모르겠는데 피식 웃음이 났다.

멀리 떨어져 있어도 이렇게 서로의 근황을 알고 안부를 주고받을 수 있는 것은 페이스북 덕분이었다. 굳이 서로에게 말을 걸지 않아도 페이스북에 올라온 게시물을 통해서 이런저런 일상을 공감하며 '멀리서 잘 살고 있구나' 하는 생각이 들면 마음이 썩 괜찮아지곤 했다.

물론 가끔씩 전화로 수다를 떨고 싶기도 하고, 직접 메시지를 보내고 싶기도 했는데 마땅히 그럴 방법이 없었다. 얼마 전까지만 해도 내가 유일하게 쓰는 메신저는 카카오톡이었는데, 누나가 카카오톡을 쓰지 않는다는 말을 듣고 '어쩔 수 없지' 하고 말았다.

그러다 내가 회사에서 디지털 부문 업무를 담당하게 됐고, 내 의지와 상관없이 카카오톡 너머 아주 넓은 세상을 만나게 됐는데, 그 대표적인 예가 페이스북 메신저다.

페이스북 메신저, 이거 참 괜찮은 녀석이다. 별도의 통신사 신원 확인 절차 없이도 가입해서 쓸 수 있고 지구상에 있는 모든 페이스북 메신저 이용자와 간편하게 실시간 대화가 가능했다. 독일에 있는 누나와 요즘 유난히 대화 빈도가 늘어난 것도 이 페이스북 메신저 덕분이다. 영상통화가 가능한 것은 물론이다. 페이스북 메신저는 가입 절차도 간소하고 사용 방법도 간단하다. 전 세계에서 10억 명이 사용한다는데 그럴 법도 하다. 또 페이스북과도 연동돼 있어, 메신저를 이용하면서 자연스럽게 친구의 페이지로 이동해 근황을 살펴볼 수 있는 점도 장점으로 꼽힌다. 페이스북 메신저는 여전히 애플 앱스토어에서 누적 다운로드 1위인 페이스북에 이어 2위 자리를 유지하고 있는 페이스북의 글로벌 히트 아이템이다.

특히 최근에는 게임 기능까지 추가됐다. 페이스북 메신저로 대화를 하다 대화창에 농구공 이모티콘을 입력하기만 하면 대화 상대방과 농구와 축구, 체스 등의 게임을 할 수 있다

하지만 국내에서 페이스북 메신저는 먹히지 않는다. 이유는 간명하다. 카카오톡 때문이다. 국내 스마트폰 사용자가 4천만 명 정도로 추정되는데, 카카오톡 가입자가 4천만 명이란다. 국내 스마트폰 사용자 거의 전원이 카카오톡에 가입했다는 말이 된다. 전 세계 월간 사용자 10억 명을 자랑하는 페이스북으로서는 대표적인 IT 테스팅 베드testing bed로 평가받는 한국 시장에서 페이스북 메신저가 먹히지 않는 것은 답답할 수밖에 없는 노릇이다. 국내에서 카카오톡은 그만큼 절대적인 셈이다.

전 세계에서 월간 페이스북 이용자가 18억 명, 페이스북 메신저 이용자가 10억 명에 달하지만 국내에서는 카카오톡의 빈틈없는 점유율을 뚫고 들어갈 여지가 별로 없는 상황인 셈이다. 그렇다 보니 페이스북 코리아 관계자는 한국 시장의 특수성에 대해

어려움을 토로한다. 운동장이 기울어져도 이렇게 기울어질 수는 없다는 말이다. 페이스북이 메신저 기능을 강화해 전 세계를 연결하려는 시도는 앞으로 더욱 속도를 낼 것이다. 혁명적인 외부 변수가 없다면 이 속도에 발맞춰 글로벌 탑 메신저로서의 위상도 굳건히 유지할 것으로 보인다. 하지만 한국 시장에서는 향후 몇 년 안에 극적인 위상 변화는 겪기 어려울 것으로 보인다.

In-Depth Summary

—

페이스북의 본래적 특성: SNS(Social Network Service)

지금의 페이스북은 처음 세상에 선보일 때와는 사뭇 다른 모습과 특성을 지닌다. 이용 대상과 서비스의 특성 자체가 많이 변한 것이다. 하지만 페이스북의 변화를 관통하는 하나의 콘셉트가 있다. 페이스북 창업주의 아이디어인 "사람은 누구나 연결되고 싶어 하는 심리가 있다"라는 '소셜 네트워크적' 특성이다. 이 특성을 기반으로 페이스북이 글로벌 대표 SNS 플랫폼이 되기까지의 단계를 3단계로 구분해서 짚어본다.

❶ 배타적 SNS 플랫폼으로서 페이스북: 페이스매시Facemash

페이스북의 1기 모델은 저커버그가 2003년 10월에 선보인 페이스매시다. 이 서비스는 하버드 대학에서 가장 잘생기고 예쁜 선남선녀를 토너먼트 형식으로 뽑는 시스템을 기반으로 시작됐다. 하버드 대학생만을 대상으로 한 일종의 배타적 커뮤니티의 성격을 지녔던 셈이다. 페이스매시는 20대 대학생들의 관심사를 그대로 투영한 서비스답게 출시 하루 만에 입소문을 탄 수백 명이 접속하는 성과를 이뤄낸다. 하지만 하버드 대학 측은 저커버그가 시스템 개발 과정에서 학교 서버를 해킹했다는 점을 문제 삼고 근신 처분을 내린다. 호기롭게 시작한 첫 번째 모델은 이렇게 막을 내리는 것 같았다. 하지만 '누구나 연결될 수 있다'는 저커버그의 아이디어는 단순한 아이디어를 넘어 현실화의 가능성을 좀 더 구체적으로 확인하는 계기를 마련하게 된다. 물론 저커버그가 소프트웨어를 구축한 것은 이때가 처음은 아니었다. 저커버그는 이미 13세에 자신의 집과 아버지의 병원을 연결해, 환자가 방문하면 알림을 전하는 소프트웨어 '저크넷ZuckNet'을 만들었다. 고등학생 시절에는 개인의 음악 감상 습성을 분석해 음악을 추천하는 음악 재생 프로그램 '시냅스Synapse'를 만들기도 했다. 하지만 성년에 접어든 저커버그가 지금의 페이스북 콘셉트와 가장 유사한 서비스를 수천 명을 대상으로 선보인 것은 페이스매시가 처음이었다.

❷ 페이스북의 본격적 시작: 더페이스북The facebook

페이스북의 본격적인 시작을 알린 것은 2004년 2월 저커버그가 하버드 대학 컴퓨터학과 친구들과 함께 창업한 더페이스북이다. 이 서비스 역시 하버드 대학 재학생을 대상으로 한 소셜 네트워크 서비스였는데, 초기에는 페이스매시처럼 하버드 재학생만을 대상으로 한 배타적 플랫폼이었다. 이런 배타성과 제한성은 더페이스북을 사용하는 하버드 대학생들에게서 일종의 우월감 내지는 자부심 같은 감정을 이끌어내는 데 성공했다. 하버드 교내 동아리와 각종 모임에서는 더페이스북을 적극적으로 활용하기 시작했으며, 더페이스북의 접속자는 3주 만에 6천 명을 넘어섰고 3개월 뒤에는 무려 5만 명을 뛰어넘었다.

이 같은 상승세를 기회로 여긴 저커버그는 더페이스북의 사용자를 하버드뿐만 아니라 프린스턴, 예일, 컬럼비아 대학 등 아이비리그 전체로 확대했다. 이후 미국과 캐나다 대부분의 대학교 학생들이 더페이스북을 사용할 수 있게 범위를 넓혔고, 2005년 9월에는 고등학교까지 영역을 확대했다. 2006년 이전에 2천 개가 넘는 대학과 2만 5천 개 이상의 고등학교가 더페이스북에 가입하게 된다.

❸ 글로벌 SNS 플랫폼으로의 성장: 페이스북

2006년 9월, 저커버그는 13세 이상 전자우편 주소를 가진 사람이면 누구나 더페이스북에 가입할 수 있게 했다. 하버드 대학생만 이용 대상으로 한 배타성 짙은 서비스가 2년여 만에 누구에게나 문호가 트인 것이다. 이처럼 배타성에서 개방성으로 서비스의 성격을 바꿔가던 저커버그는 2005년에 도메인 facebook.com을 20만 달러를 주고 구매했고, 이때부터 페이스북은 지금의 모습을 갖추기 시작했다.

지리적 특성으로 보면, 초기 페이스북은 하버드 대학이 위치한 미국 매사추세츠주 케임브리지시에 머물렀다. 시기적으로 페이스북이 미국을 넘어서 글로벌 서비스로 가능성을 보이기 시작한 것은 2005~2006년부터다.

페이스북의 급격한 여세 확대는 시장의 관심과도 직결됐다. 2005년 2월 《워싱턴포스트》는 더페이스북 지분의 10%를 사겠다는 제안을 한다. 가격은 600만 달러였다. 비아컴의 경우에는 7500만 달러로 더페이스북을 매입하겠다고 나섰다. 이때 벤처캐피털 엑셀파트너스는 페이스북을 9800만 달러로 평가하고 1200만 달러를 투자하겠다고 밝힌다. 저커버그는 회사와 지분에 대한 매각 제안을 모두 거절한 채 벤처캐피탈의 투자 제안만 받아들이기로 결정한다. 이때부터 시작된 시장의 관심은 더욱 강하게 집중되는데, 2006년에 야후는 10억 달러 인수를 제안하지만 역시 저커버그는 거절한다. 꾸준히 상승세를 타던 페이스북과 더불어 저커버그 역시 SNS 플랫폼 시장에서 집중적인 관심을 받았다. 2008년에는 《포브스》 선정 세계 억만장자 785위를 기록했다. 특히 자수성가형 억만장자 가운데 최연소라는 기록도 세우게 된다.

이후 페이스북은 2012년 2월 50억 달러(한화 5조 6천억 원) 규모의 기업공개를 신청한다. 당시 페이스북의 기업 가치는 최고 1천억 달러, 한화로 100조 원이 넘는 것으로 추산됐다. 이에 따라 저커버그의 지분 평가액은 240억 달러, 한화로 27조 원에 달할 것으로 평가됐다. 이후 나스닥에 상장된 페이스북은 2016년 말 기준 시가총액 3300억 달러, 한화로 398조 원에 달한다. 저커버그의 자산은 536억 달러, 한화로 63조 1400억 원으로 집계됐다.

: 카카오톡이 지배한 나의 일상

내가 디지털뉴스팀장으로 일하는 동안 함께 일했던 팀원은 대략 스무 명 정도였다. 온라인에서 유통되는 모든 기사의 온라인 편집을 담당하는 에디터가 절반 정도 되고, 나머지 절반은 온라인 콘텐츠 제작자다. 온라인 제작자들은 다시 동영상 콘텐츠 제작자와 텍스트 콘텐츠 제작자로 나뉜다. 이들은 네이버 같은 포털 사이트는 물론이고 페이스북과 카카오 등 국내외 모바일 플랫폼에서 유통되는 YTN의 온라인 전용 디지털 콘텐츠 제작을 책임진다.

업무 지시와 보고는 많은 직장인이 그렇듯 카카오톡을 통한다. 먼저 팀 전체 방이 있다. 스무 명의 팀원들과 내가 모두 들어가 있는 채팅 방으로 주로 팀 관련 공지를 할 때 사용한다. 또 하나 중요한 채팅 방은 에디터 방이다. 여기서는 에디터들과 수시로 이야기를 주고받으며 실시간으로 업무를 지시하고 보고받는다. 마찬가지로 제작자들의 채팅 방이 따로 있는데, 전체 제작자들이 들어가 있는 방과 별개로 동영상 콘텐츠 제작자 전용 채팅 방과 텍스트 제작자 전용 채팅 방이 있다. 내 자리 컴퓨터에는 이들 다섯 개 채팅 방이 상시 열려 있었다. 아, 에디터 선임과 제작자 선임이 있는 채팅 방도 별도로 있었고, 본부장과 직접 이야기하는 채팅 방도 따로 있었다. 그럼 모두 일곱 개의 업무 관련 카카오톡 방이 거의 상시적으로 열려 있던 셈이다. 다시 강조하지만 '업무 관련' 채팅 방에 한정한 숫자다.

채팅 방이 많다 보니 주고받는 메시지 수도 상당한데, 10분 정도 자리를 비웠다가 확인을 하면 읽지 않은 메시지가 수십 개 정도 와 있는 것은 기본이고, '팀장님', '이 팀장', '승현아' 등등 나를 부르는 각종 메시지가 동시다발적으로 떠오르는 것은 이제 익숙한 일이다.

일과 중에 이렇게 여러 개의 채팅 방을 띄워 놓고 업무를 하는 게 조금 번잡해 보일 수는 있어도 수월한 측면이 분명히 있다. 문제는 일과 후나 주말이다. 퇴근을 하고 운전을 해 집에 오는 30분 동안은 의식적으로 카카오톡 메시지를 보지 않으려고 노력하는데, 퇴근 뒤에도 시도 때도 없이 메시지가 오기 때문이다. 정확히 언제부터인지는 모르겠는데, 내 스마트폰 카카오톡 메신저는 무음으로 설정되어 있다. '카톡! 카톡!' 이런 소리나 '웅웅'거리는 진동소리가 너무 지겹게 느껴져서 견딜 수가 없었다. 스마트폰에 아무런 메시지가 오지 않아도 '카톡' 소리가 들리거나 '웅웅'거리는 진동소리가 느껴졌다. 환청에 이은 '환동'까지 나를 괴롭혔다.

그래도 퇴근 후에 오는 각종 업무 관련 메시지는 '주중에는 그럴 수도 있지' 하고 넘어간다. 나를 더 힘들게 하는 것은 주말이다. 디지털뉴스팀이 YTN의 온라인 기사를 만드는 과정에서 기사를 최종 승인하는 이른바 '데스킹' 과정을 거쳐야 하는데, 우리 팀에 기사를 데스킹할 수 있는 사람은 나와 제작자 선임밖에 없다. 그렇다 보니 디지털뉴스팀장은 보통 주6일 근무를 하고 주7일 근무도 예사다. 한 달에 운 좋으면 두 번, 운 나쁘면 세 번 정도 주7일 근무를 한다. 나머지는 주6일 근무인데, 그렇다 보니 주말을 온전히 쉬는 경우가 한 달에 한두 번밖에 되지 않는다. 따라서 주말에도 스마트폰에는 읽지 않은 카카오톡 메시지가 수십 개씩 쌓인다. 카카오톡의 편리함이 이제 나에게는 1년 365일 가운데 350일 정도 나의 일상을 지배하는 족쇄가 된 셈이다.

카카오톡에 일상이 지배당하기 시작한 것은 최근의 일도 아니다. 지난 2014년 법조팀에서 지검 반장으로 생활을 할 때* 카카오톡 감청 논란이 중요 이슈로 떠오른 적이 있었다. 김형식 의원의 청부 살해 사건이 벌어졌을 당시에 김 의원의 공모 여부가 카카오톡 감청으로 확인되는 등 수사 기관으로서는 특성 사건 수사에서 감청이 꼭 필요한 수사 기법이라고 일반적으로 주장한다. 하지만 검찰이 국민의 사생활을 불법 검열할 수 있다는 반론도 만만치 않아서 당시 카카오의 대표였던 이석우 씨가 국정감사에 출석해 입장을 밝히는 등 당시에는 사회적으로 꽤 관심을 받았던 이슈였다.

그때 중앙지검에 있던 기자들은 우스갯소리로 그런 말을 주고받았다. '만약 언론사 법조팀 카카오톡 방에 담긴 내용이 유출되면 어떨까?' 생각조차 떠올리고 싶지 않은 상황이다. 각종 정보와 각 사의 취재·보도 전략이 담긴 대화 내용이 고스란히 유출되면 한 언론사의 생존과 직결되는 결과로 이어질 수 있는 가능성도

---

* 언론사의 법조팀장은 서울 서초동에 위치한 법조기관 전체를 총괄한다. 법조팀장을 보좌하는 선임기자를 지검 반장이라고 하는데, 법조팀 부팀장에 해당하는 지검 반장은 서울중앙지방검찰청에 상주하며 대검찰청과 중앙지검, 중앙지법, 대법원 등에서 다루는 모든 사건의 현장 실무를 책임지는 역할을 담당한다.

점쳐볼 수 있기 때문이다.

그러고 보면 법조팀에 있을 때나 디지털뉴스팀에서 일하던 때나 나의 회사 생활의 주요 기반은 카카오톡이었다. 일부러 그런 것도 아니고 카카오톡이 좋아서 그런 것도 아닌데 어쩌다 보니 그렇게 돼버린 것이다.

카카오톡이 무서운 것은 비단 나만의 문제는 아닌 것 같다. 지난 2016년 6월 한국노동사회연구소가 발표한 자료에 따르면, 평일 업무 시간이 끝난 뒤 '업무 목적으로 스마트기기를 사용하지 않는다'는 응답은 13.9%에 불과했다. 무려 86.1%는 업무의 연장에 노출돼 있는 셈이다.*

평일 업무 시간 이외에 업무 목적으로 스마트기기를 사용하는 시간은 평균 86분으로 나타났고 주말에도 상황은 크게 다르지 않았다. 휴일에 스마트기기로 2시간 이상 업무를 처리한다는 응답이 전체 27.5%로, 평균 업무 시간은 평일보다 긴 96분으로 나타났다. 평일 퇴근 뒤와 휴일에 스마트기기로 일한 시간을 합치면 일주일 평균 11시간에 달한다. 한 달을 4주로 잡으면 한 달 평균은 44시간이나 되는 셈이다.

이렇다 보니 아예 퇴근 뒤에는 업무 관련 메시지를 보내지 못하도록 하는 법안이 발의되기도 했다. 이름만 들어도 법안의 취지가 단박에 이해가 되는데, 바로 '퇴근 후 업무 카톡 금지법'이다. 이 법안을 대표 발의한 신경민 더불어민주당 의원은 "근로자

---

* 한국노동사회연구소, 「카카오톡이 무서운 노동자들」(2016.6.22).

는 퇴근 뒤 회사나 상사와 연결되지 않을 권리가 있다"며 "법 개정으로 근로자의 사생활을 존중, 보장해야 한다"라고 밝혔다. 자주는 아니지만 가끔 퇴근 뒤 업무를 지시한 적이 있는 나로서는 상당히 뜨끔하게 느껴졌다.

디지털 시대를 맞아 디지털 환경에 맞춰 의식의 변화가 이뤄지는 것은 어쩌면 당연한 일이다. 하지만 디지털 어웨이크닝에 인간의 생활 리듬에 미치는 긍정적인 면만 있지 않다는 점에서, 카카오톡을 중심으로 바라본 나의 일상, 나의 디지털 어웨이크닝이 꼭 내 삶의 행복도를 높이지 않는다는 점에서 디지털 시대의 어두운 단면을 바라보게 되는 것 같다.

퇴근 뒤에도 팀원들에게 카카오톡으로 업무 지시하시는 분들, 앞으로는 메시지 보내기 전에 한 번쯤 생각해보시길!

In-Depth Summary

—

"카카오톡이 무서운 노동자들". 지난 2016년 한국노동사회연구소가 주최한 포럼의 의미심장한 제목이다. 디지털 시대의 기술 진보가 우리 삶의 질적 진보와 다른 방향성을 가질 수 있다는 점을 보여주는 가장 단순한 문장이 아닐까.

한국노동사회연구소가 제조업과 서비스업 근로자 2402명을 대상으로 조사한 결과 평일 업무 시간 이외에 업무 목적으로 스마트기기를 사용하는 시간은 30분 이내 27.1%, 30분~1시간 9.8%, 1~2시간 8.6%, 2시간 이상이 20.1%로 나타났다. 하루 평균 1.44시간(86.24분)을 퇴근 뒤에도 스마트폰 등 스마트기기를 통해 업무 지시를 받고 업무를 하는 셈이다.*

휴일의 경우에는 2시간 이상 스마트기기로 업무를 처리한다는 응답이 전체의 27%를 차지했고, 평균 업무 시간은 평일보다 10분 정도 늘어난 1.6시간(96.96분)에 달했다. 이들은 평일 퇴근 뒤와 휴일에도 일주일 평균 11시간을 일하고 있는 셈이다. 스마트 업무 환경은 우리 일상을 스마트하게 만들지 못하고 역설적으로 일 중심의 일상을 더욱 고착화하는 데 큰 역할을 하고 있다.

* 한국노동사회연구소, 「카카오톡이 무서운 노동자들」(2016.6.22).

: 카카오 채널,
뉴스 미디어로의 도약

개인적으로 '유니클로'라는 브랜드를 좋아한다. 옷값도 싸고 품질도 그럭저럭 괜찮아서 계절이 바뀔 때마다 차 한 잔 마시러 가는 기분으로 들러 셔츠 한두 벌 정도 부담 없이 사서 입는다. 내가 매장에 들러야 할 시기는 유니클로가 알려주거나 사실상 정해주는 경우가 대부분이다. 잊을 만하면 유니클로는 카카오톡 메시지를 보낸다. 내가 카카오 플러스친구로 등록해놨기 때문이다. 유니클로의 메시지는 귀찮기는 해도 끊을 수가 없다. 항상 할인 쿠폰이 딸려 있기 때문이다. 내게 카카오 채널은 유니클로가 할인 쿠폰을 보내주는 정도의 의미였다.

지난 2016년 6월 카카오에서 미팅을 요청해왔다. 카카오 채널을 개편한다는데, 그 안에 뉴스를 넣고 싶다는 내용이었다. 썩 내키지는 않았지만 미팅을 거절할 수는 없다. 미팅 제안자는 4천만 이용자를 가진 카카오이기 때문이다. 예감처럼 미팅 내용은 썩 만족스럽지 않았다. 내용 자체는 간단했다. 카카오 채널을 지금처럼 기업들의 홍보 수단이 아니라 뉴스 유통의 플랫폼으로 고도화하고 싶다는 것이었다. 시연을 통해 보여준 샘플은 흡사 페이스북 피드와 비슷했다. 사실상 카카오톡 메신저에 페이스북 형식의 플랫폼은 얹은 듯한 느낌이었다. '카카오는 이번에도 한 방이 없구나'라고 생각했다. 그냥 카카오의 한 프로젝트 정도로 인식됐다. 게다가 우리가 기사를 제공하는 것에 대한 대가도 명확치 않아 보였다. 그래서 구미가 딩기지 않았던 것인지도 모른다. 딱 거기까지였다.

2016년 7월과 8월은 참 정신이 없었다. 인스턴트 아티클 이슈에 신입사원 디지털센터 연수 등 각종 일거리가 겹치면서 카카오채널 개편 이슈는 머릿속에서 제자리를 찾지 못하고 있었다. 그런데 어느 날 보니 이미 카카오 채널이 개편돼 베타 테스트를 시행하고 있었다. ≪중앙일보≫, 연합뉴스 등 주요 언론사들이 참가한 것도 보였다. 마음이 다급해지지는 않았다. 카카오 채널에 참여하는 방향성 정도는 이미 구상해놨기 때문이었다.

카카오는 우리 쪽에 '좋은 뉴스'를 중점적으로 제공해주기를 바랐다. 하지만 좋은 뉴스라는 것이 기준과 범위가 애매하기도 한데다, 물량도 한정적일뿐더러 속보와 사건·사고에 강한 YTN의 강점과 맞지 않다는 내부 의견이 제기됐다. 카카오 채널 프로모션 30분 전까지 이런저런 논의가 오가다 '뉴스는 YTN'이라는 담백하면서도 우리의 정체성을 분명히 담은 이름으로 카카오 채널에 들어가게 됐다.

문제가 생겼다. 문제라기보다 아무도 예상하지 못한 결과가 잇따랐다. 하루 만에 친구 수가 20만 명에 육박하더니 사흘 만에 30만 명을 넘어섰다. 아무리 프로모션 이벤트 효과가 있더라도 상식적으로 설명이 되지 않았다. 우리보다 3주 정도 앞서 카카오 채널에 들어온 다른 언론사들을 훌쩍 뒤로 따돌렸다. 2주가 지나더니 40만 명을 넘어서며 폭발적인 성장세를 과시했다.

카카오도 우리도 어안이 벙벙한 상황이 이어졌다. (물론 YTN 내

<사진 1> YTN 카카오 플러스친구 이미지

부적으로는 폭발적인 성장세에 대한 명확한 분석이 나왔지만 대외비 정
보이기 때문에 여기에서 언급하지 못한다는 점이 아쉽게 느껴진다.) 카
카오 측에서는 다른 언론사로부터 'YTN을 특별 대우해주는 것 아
니냐'라는 항의도 잇따른다는 입장을 전해왔다. 카카오는 귀찮겠
지만 듣는 우리로서는 썩 기분 나쁜 상황은 아니었다.

우리를 더욱 놀라게 한 이유는 사실 다른 곳에 있었다. 수많은
가카오톡 이용자가 카카오 채널을 방문해 YTN 기사를 소비하면
서 UV와 PV가 두 배 이상 넘어선 것이다. 카카오 채널에 올리는
기사는 모두 YTN 홈페이지로 넘어오기 때문에 이때 발생하는 UV
와 PV는 모두 YTN의 것으로 집계된다. 방송으로 보면 UV와 PV는
시청률과 같은 의미로 광고 단가의 기준이 되기 때문에 회사로서

도 전혀 예상치 못한 카카오 채널 효과를 누리게 된 셈이다.

카카오 채널이 개편되기 전까지 YTN의 핵심 플랫폼은 페이스 북이었다. 하지만 카카오 채널이 개편된 뒤 우리의 핵심 플랫폼 은 페이스북과 카카오 채널이 됐다. 전혀 예상치 못한 외부 충격 이 오면서 지난 2016년 하반기 전략 역시 상당 부분 수정을 해야 했다. 물론 향후 또 어떤 변화가 생길지는 아무도 모른다. 다만 페이스북과 네이버로 양분돼 있던 국내 모바일 시장에서 카카오 가 존재감과 잠재력을 과시하며 돌풍을 일으키고 있다는 점에서 시장의 구도 자체가 3자 구도로 바뀌게 된 것만은 분명하다. 모바 일 新삼국지 체제가 어떤 변화를 가져올지 모르지만, 향후 적잖 은 시간 동안 모바일 뉴스 유통 시장의 주요 관전 포인트가 될 것 은 분명해 보인다. 카카오 채널의 성공이 일시적인 반짝 효과에 그칠지, 시장의 판을 짜는 새로운 신호탄이 될지 사뭇 궁금한 부 분이다.

: 뉴스 콘텐츠 플랫폼 유통의 명과 암

언론사의 디지털 부문의 실무자라면 카카오의 전략에 상당한 의구심을 가질 수밖에 없다고 생각한다. 언론사로서는 카카오를 통해 유입되는 트래픽이 반가울 수도 있고, 그 잠재력을 무시할 수 없는 상황은 긍정적으로 작용할 수도 있다. 하지만 카카오가 어떤 전략을 가지고 모바일 뉴스 유통에 접근하는지에 대해서는 비판적 시각을 가질 수밖에 없다. 이유는 간단하다. 카카오만의 독특성을 가진 전략을 찾기가 쉽지 않기 때문이다.

그래서일까. 카카오는 비판적 내용을 담은 필자의 글에 상당히 격하게 반응했다. 앞에 소개된 "카카오 채널, 뉴스 미디어로의 도약"이라는 제목의 글은 당초 "카카오 채널, 너는 누구냐"라는 제목으로 YTN 홈페이지 기자칼럼 코너에 소개됐던 글이다. 이후 페이스북, 카카오 채널 등을 통해 해당 에세이를 유통시켰다. 바로 그런 유통이 시작된 직후 카카오 측은 나에게 상당히 격하게 항의를 해왔다. 개인직 사원뿐만 아니라 회사 고위 관계자 등을 통해 '업무상 비밀'을 글을 통해 노출했다고 항의해온 것이다. 모든 플랫폼에서 해당 칼럼을 삭제해달라는 요청도 함께 찾아왔다. 사실 개인적으로 조금 황당했다. 글에 나와 있는 '10월에 그랜드 오픈', '미팅 요청' 같은 것들이 외부에 공개되어서는 안 되는 것이라는 주장이었는데, 내 머릿속에는 '이게 그렇게 대단한 정보인가?', '혹시 카카오 채널과의 첫 미팅을 부정적으로 묘사한 것에 대한 단순한 반감은 아닐까' 하는 생각들이 지워지지 않았다. 결과적으로 홈페이지에 걸린 칼럼을 삭제 조치했다. 하지만 칼럼을 삭제하기까지 스스로 설득이 되지 않았고 오히려 불쾌감이 커지는 상황이었다. 그때 한 선배의 전화가 왔다. "플랫폼 관계자들을 대할 때는 기자 마인드보다는 서비스 마인드가 더 중요하지 않을까 한다." 이 말을 듣고 '일단은' 삭제를 했고, 유감스럽다는 입장을 카카오 측에 전달했다.

카카오 채널 관련 칼럼 삭제 해프닝은 말 그대로 해프닝으로 넘어갈 수도 있는 사안이다. 하지만 나는 조금 다른 관점에서 이 해프닝이 인식됐다. 바로 플랫폼과 언론사의 관계다. 대한민국 모바일 뉴스 유통 시장은 철저히 플랫폼 사업자 위주로 형성돼 있다. 갑 중의 갑이라고 불리는 네이버는 물론이고 페이스북, 카카오, 다음 등 각종 플랫폼 사업자들이 종횡무진하며 온라인과 모바일 뉴스 유통 시장 선점을 위해 치열한 전쟁을 이어가고 있다. 문제는 이들 플랫폼이 핵심적으로 사용하는 뉴스 콘텐츠는 플랫폼이 생산하는 것이 아니고 언론사가 생산해 제공한다는 점이다. 네이버는 '전재료'라는 개념으로 돈을 주고 기사를 사가서 네이버의 입맛에 맞게 기사를 배치하고 유통한다. 카카오는 그냥 가져다 쓴다. 공짜다. 언론사로서는 공짜로 기사를 납품하는 황당한 상황인데 '파트너십'이라는 이름 아래 어쩔 수 없이 따라간다. 물론 카카오를 통해 기사가 잘 유통되면 언론사는 UV와 PV라는 트래픽을 얻을 수 있다. 이 트래픽의 양이 많으면 마케팅에 도움이 되고 광고 단가를 올릴 수 있기 때문에 궁극적으로 전혀 도움이 되지 않는 것은 아니다. 페이스북은 인스턴트 아티클에 배너 광고를 붙여서 일정 부분 수익이 날 수 있는 구조를 제시하고 있다.

각 플랫폼에 따라 상황은 조금 다르지만 언론사가 얻는 것이 전혀 없는 것은 아니다. 하지만 각 플랫폼 사업자들은 대부분 콘텐츠 무임승차를 당연하게 생각하는 모습이다. 물론 네이버는 '돈을 주고' 기사를 사 가지만 언론사별로 그 액수가 수십 배씩 차이가 나는 경우도 있어서 금액 산정의 기준에 대한 의구심은 지울 수 없다. 2017년 1월을 기준으로 카카오는 수익 공유와 관련해서 구체적인 계획을 제시하지 않는 상황이었다. 페이스북은 그나마 수익 모델을 하나둘 내놓으며 의미 있는 수익화 단계로 가까스로 접어드는 정도다.

인터넷과 SNS의 등장 전까지만 해도 콘텐츠 제작자인 언론사는 제작과 유통을 동시에 책임졌다. 기사를 쓰고 제작하고 송출하는 뉴스 제작과 유통의 모든 시스템이 언론사 내부에서 이뤄졌다는 의미다. 하지만 인터넷이라는 국적 없는 새로운 세상이 펼쳐지면서 언론사는 콘텐츠 유통의 본래적 역할을 할 수 없는 상황에 처하게 됐고, 모바일 플랫폼 사업자들은 콘텐츠 유통의 절대 강자로 자리 잡아가고 있다. YTN의 자체 애플리케이션 같은 개별 언론사의 독자 플랫폼을 통해서 뉴스를 소비하는 비율은 전체 뉴스 소비자들 가운데 7%에 불과하다는 조사 결과도 있다. 이같은 수치를 보면 사실상 언론사로서는 선택의 여지가 없다. 네이버에 적든 많든 전재료를 받고 콘텐츠를 넘겨야 하고, 카카오가 당연하게 또 당당하게 공짜로 콘텐츠를 가져다 쓰는 것에 별다른 반박을 하지도 못하는 상황을 직면해야 한다. 또 페이스북에 대해서는 '페이스북이니까 어쩔 수 없지'라는 식의 인식으로 지금의 상황을 '버텨갈' 수밖에 없는 셈이다.

: 네이버는 언론사의 갑일까?

지워버리고 싶은 과거가 있는 한 남자. 어릴 적 일기를 꺼내 읽던 그는 일기장을 통해 시공간 이동 통로를 발견하게 되고, 과거로 돌아간다. 그리고 끔찍했던 과거의 불행들을 고쳐나간다. 하지만 기다리는 것은 충격적인 현실뿐, 지우고 싶었던 과거의 어떤 일을 조금 바꿀 수는 있었지만 기다리고 있는 것은 현재의 더 큰 불행이었다. 영화 〈나비효과〉는 '나비의 날갯짓이 지구 반대편에서는 태풍을 일으킬 수도 있다'는 카오스 이론을 감각적으로 해석하면서 내 학창 시절 'Must See' 영화 가운데 하나로 자리매김했다. 물론 당시에는 주연 배우인 애시튼 커처가 그렇게 멋있어 보였다. (다시 말해 지금은 아니라는 의미다.)

정신없이 일상을 보내다 보니 학창 시절에 좋아했던 영화를 기억에서 끄집어내는 일은 일종의 사치와도 같이 느껴졌던 내게 〈나비효과〉가 다시 생각난 것은 조금은 엉뚱하게도 미국 대선 3차 토론 때문이었다. 나와는 일면식도 없을 뿐 아니라 앞으로도 만날 일은 더더구나 없을 미국의 대선 후보 힐러리 클린턴과 도널드 트럼프 덕에 꼬일 대로 꼬인 나의 하루. 이런 게 일종의 '나비효과'가 아닌가 하는 생각을 하다 애시튼 커처까지 떠올리게 된 것이다.

문제의 발단은 '미국 대선 3차 토론 인터넷 생중계를 네이버와 할 것이냐 다음과 할 것이냐'에서 시작됐다. 물론 YTN은 국내 포털 사이트의 상징으로 군림하고 있는 네이버를 통해서 인터넷 생중계를 하는 것을 원했고, 2차 토론은 네이버와 함께 무리 없이 진행됐다. 그런데 3차 토론을 앞두고 상황이 조금 꼬였다. YTN은 CNN 생방송 화면을 통역하면서 대선 토론 내용을 생방송으로 전달했고, 이를 네이버와 유튜브 등을 통해서 송출했는데, CNN이 온라인 송출은 YTN과의 계약 사항에 포함되지 않는다고 제동을 건 것이다. 쉽게 말해 YTN은 CNN의 생중계 화면을 생방송에는 쓸 수 있지만 인터넷을 통한 송출은 금지됐다는 의미다.

우리 입장에서는 발등에 불이 떨어졌다. 부랴부랴 대안을 마련한 끝에 YTN의 생방송은 CNN 방송 화면을 사용하고, 인터넷 송출 화면은 APTN의 화면을 사용하는 것으로 정리됐다. 이런 혼선이 YTN 내부에서 정리되는 사이 네이버는 3차 토론을 인터넷 생방송으로 송출하지 않겠다는 입장을 전해왔다. 2차 토론을 YTN과 함께 했기 때문에 3차도 YTN과 하기에는 다른 매체의 눈치가 보이는 데다 대선 토론 생중계가 이렇다 할 득이 없어서 3차 토론회는 인터넷 생중계 자체를 하지 않겠다는 설명도 덧붙였다. 매체 협력을 담당하는 미디어전략팀은 네이버를 통한 인터넷 라이브가 불가능하다면 대안을 찾아야 했고, 마치 예정돼 있었다는 듯 다음과 인터넷 라이브를 진행하기로 했다. YTN으로서는 1등 포털 사이트인 네이버가 안 한다고 하니 2등인 다음과 손을 잡고 3차 생중계를 진행하기로 한 것이다.

그런데 대선 토론 하루 전 문제가 생겼다. YTN이 다음과 생중계를 한다는 소식을 전해들은 네이버가 자신들은 연합뉴스TV와 생중계를 하기로 했다는 소식이 전해진 것이다. 디지털 부문을 책임지는 총괄 본부장은 어떻게 된 일인지 경위 보고를 요구했고, 졸지에 우리는 경쟁사에 1등 포털 사이트인 네이버와의 콜라보레이션 기회를 빼앗긴 '무능력한' 전투병들로 전락하고 말았다.

미국 대선 토론 생중계를 둘러싼 이 같은 상황은 네이버의 위상을 보여주는 사례이기도 하다. 대한민국 1등 포털 사이트로서의 영향력을 유지하고 있으며 전 세계로 외연을 확장하고 있는 것이 바로 네이버다. 더욱이 YTN의 온라인 부문을 담당하는 YTN PLUS가 네이버와 YTN의 합작회사라는 점을 고려하면 회사 지도부(경영진) 입장에서는 네이버가 3차 토론을 경쟁사와 한다는 것은 용납하기 힘든 결과일 수도 있다. (물론, YTN과 네이버가 합작회사를 출범시키고 그 회사가 여전히 운영되고 있지만 우리에게 별다른 인센티브를 주는 것은 없다.)

사실, 이러한 해프닝은 네이버를 바라보는 언론사의 시선을 단적으로 보여주는 것이기도 하다. 약간의 메타포를 섞으면 지금 언론사들은 일종의 '네이버 바라기'의 행태를 보이는 것이 현실이다. 네이버 메인 페이지에 기사가 걸리기 위해서 어떤 고민을 해야 하고, 어떤 기사 제목을 달아야 하며, 어떤 기획 기사로 네이버 에디터의 시선을 끌 수 있을 것인가 하는 점은 대한민국 모든 언론사의 디지털 부문 담당자의 고민이기도 하다.

이 같은 현실은 네이버 역시 '아주아주' 잘 인식하고 있는 것 같다. 경기도 분당에 자리한 네이버 팩토리를 방문했을 때의 일이다. 당시 우리는 YTN의 신입·경력 기자들을 대상으로 한 사내 연수의 일환으로 네이버를 방문했다. 네이버 사내 투어를 한 뒤 실무자의 특강을 듣는 것이 그날의 큰 골자였다. 특강 이후 질의응답 시간에 경력기자 한 명이 네이버의 기사 선택 기준을 물었는데, 실무담당자의 대답은 상당한 시사점을 내게 안겨줬다. "좋은 기획 기사 열심히 써주시면 돼요." 웃으면서 한 대답이었지만, 쉽게 말해 "니들이 좋은 기획 기사 잘 만들면 우리는 걸어준다"라는 의미로 그 자리에 있던 대다수 YTN 기자들은 해석했다. 지나친 왜곡 내지는 곡해가 아니냐고? 디지털 실무책임자로서 내 대답은 "단언컨대 아니다". 그만큼 네이버는 보이게 안 보이게, 의식적 또는 무의식적으로 언론사 위에 '군림'하고 있다.

물론, 언론사와 직접 소통하는 네이버 측 카운터 파트너는 우리에게 늘 충실한 설명을 해주고 이해를 구한다. 파트너 대 파트너로서의 입장을 충분히 견지하고 각자의 입장을 충분히, 아주 충분히 주고받는 모양새를 갖추고 있다. 하지만 카운터 파트너를 실무담당자에서 인터넷 포털 사이트 기업 네이버로 확대해서 보면 네이버는 국내 거의 모든 주요 언론사의 기사를 사들여 자신들 왕국에 뉴스 백화점을 만들어놓은 골리앗에 가깝다. 뉴스는 상품화됐고, 그럴싸한 진열대에 올려진 상품들은 소비자의 클릭을 기다리는 자본주의적 제품으로 다뤄지는 셈이다.

"네이버 트래픽이 갈수록 줄어드는데 어떻게 해야 할까요?" 네이버 담당자는 친절하게 대답한다. "포털 사이트에 대한 의존도를 줄여야 합니다." 맞는 말이다. 포털 사이트에 대한 의존도를 줄여야 한다. 각 언론사들은 각자도생할 수 있는 뉴스 유통망을 확보할 수 있어야 한다. 하지만 대한민국의 뉴스 유통 창구는 정

말 듯이하나. 사람들은 득이하세도 네이버의 독과점을 비판하면
서도 네이버에서 뉴스를 본다. 대체 어떻게 해야 하는 것일까. 포
털 사이트의 의존도를 낮춰 네이버로부터 독립하고 자체 유통망
을 통한 뉴스 소비를 어떻게 이끌어야 하는 것일까? 네이버에서
탈피하기. 어쩌면 모든 디지털 부문 담당자들이 기대하고 언젠가
다다를 수 있는 곳이라고 꿈꾸는 유토피아가 아닐까?

: 유튜브가 만든 새로운 세상

(사실 전 세계에서 1인 방송의 원조격에 해당하는 것은 페이스북보다
는 유튜브다. 유튜브가 가진 페이스북과의 가장 큰 차이점은 방송을 하
는 사람들이 돈을 벌 수 있는 시스템을 가지고 있다는 것이다.)

우리 집에 나와 함께 사는 다섯 살 남자 사람은 여느 집 또래 남
자 사람들과 비슷하게 뽀로로에 열광하고 터닝메카드에 흥분한
다. 주로 사용하는 플랫폼은 유튜브다. 아직 한글을 완벽히 깨치
지 못한 이 아이는 유튜브 로고가 어떤 것을 의미하는지는 적확
하게 인식한다. 이처럼 다섯 살 꼬마의 소비 습성에 맞춰 콘텐츠
를 소비하다 보니 내 유튜브 피드는 주로 키즈 애니메이션 동영
상들이 자리 잡고 있다. 그게 아니면 골프 강습 동영상이나 영화
등이다.

유튜브 피드에 뜨는 동영상의 종류도 많지만, 그 조회 수를 슬

쩍 보면 엄청난 숫자에 놀라는 경우가 적지 않다. 뽀로로나 타요를 별것 아니라고 생각하는 사람도 있을 수 있지만 100만 조회 수는 적은 편에 속하고 많게는 700만~800만 조회 수도 흔히 접할 수 있다. 자연스럽게 생각은 수익 구조로 넘어간다. '동영상에 붙는 프리롤 광고를 한 번 클릭할 때 10원씩으로만 산정해도 저게 얼마인가.' 채널 하나만 잘 만들면 내 월급의 몇 십 배는 되지 싶다.

그래서 한동안 내가 직접 유튜브 채널을 만들어서 운영해봐야겠다는 생각, 당장은 아니더라도 유튜브를 통해 노후 대비를 할 수 있을 것이라는 생각이 머릿속에서 떠나지 않았다. 내가 유튜브에서 무언가를 한다면 어떤 콘셉트로 할 수 있을까. 뉴스? 기자 지망생들 특강? 글쓰기 강좌? 이런저런 아이디어는 떠오르지만 도무지 노후 보장까지 이뤄낼 아이템은 나를 피해 가는 느낌이다. 뉴스를 하자니 차별화가 어려울 것 같고, 기자 지망생을 대상으로 하자니 소비자 폭이 너무 좁고, 글쓰기 강좌를 하자니 내 밑천이 너무 하찮게 느껴진다. 이것저것 따지다 보니 결국엔 '에라 모르겠다' 심정으로 돌아가는 것이 나의 현실이다.

나 같은 1인이야 이렇게 자포자기로 한숨 푹푹 쉬면 그만이지만, 실제로 유튜브 크리에이터들이 광고를 통해 벌어들이는 수입은 상상 초월이다. ≪포브스≫가 '2016년 올해 최고 수입의 유튜브 스타' 결과를 발표한 것을 보면 놀랄 노 자가 뭔지 다시금 떠올리게 된다. 2016년 한 해 동안 유튜브 1인 방송자, 유튜버들 가운데 가장 많은 돈을 번 사람은 스웨덴의 게임 방송 진행자 '퓨디파이PewDiePie'다. 세전 매출이 1500만 달러, 한화로 174억 원이 넘는 논인데 웬만한 중소기업 매출에 버금가는 액수다. 퓨디파이의 수익은 한 해 전의 조사 때보다 20% 늘어난 것인데, 게임 중계와 해설을 통한 동영상 제작만으로도 저 정도의 수익이 가능한 현실이 놀랍게 다가올 뿐이다. 2위를 기록한 미국의 코미디언 로만 애트우드의 수익도 상당한데, 800만 달러로 한화로는 93억 2천만 원을 벌어들였다. 이 양반은 아예 자신의 유튜브 동영상을 소재로 극장판 영화를 만들기도 했다. 온에어와 온라인 모두에서 유통하는 일종의 크로스 플랫폼 콘텐츠를 만든 셈이다.

물론 유튜브는 원칙적으로 유튜버에게 얼마의 광고 매출을 배분했는지는 공개하지 않는다. ≪포브스≫가 공개한 결과 역시 외부 자료와 당사자 인터뷰 등을 통해 추산한 수치다.

우리나라에서도 정상급 유튜버들은 광고 수익 배분으로 한 달에 수천만 원대 매출을 올리는 사례가 일부 있는 것으로 알려졌다. 다만 이 역시 동영상 조회 수와 팔로어 수를 통한 추정일 뿐 공식적인 액수라고는 볼 수 없다.

이런 상황을 보면, 모바일 터닝시대에 디지털 어웨이크닝이 가장 잘 이루어진 사람은 유튜브 크리에이터라는 생각이 끊임없이 머릿속에 떠돈다. 내가 이런 생각을 하게 된 계기는 수십 억씩 벌어들이는 해외 유튜버에 의해서라기보다, 국내 인기 유튜버 '도티'의 발언 때문이지 싶다. 유튜브 행사장에서 도티를 만난 것은 두어 번 정도 되는 것 같다. 마이크를 잡은 도티는 항상 자기소개를 할 때, '몇 년 전까지 방송사 취업준비생이었다가 지금은 유튜브 크리에이터가 된 도티입니다', 'MCN 샌드박스네트워크 공동

창업자 도티입니다'라는 문장을 빼놓지 않았다. 그렇다. 도티는 한낱 방송사 취업준비생에서 지금은 MCN 스타를 키우는 회사의 창업자이자 인기 정상의 국내 유튜브 스타가 된 것이다.

도티의 주력 분야는 게임 방송이다. 20대 이상에서 도티의 이름을 들으면 아는 사람의 수가 손에 꼽을 정도인 반면 10대에게서 도티는 초딩들의 대통령, 이른바 '초통령'으로 통한다. '10대판 〈무한도전〉' 제작자로 불리기도 한다. 팬 카페 회원은 무려 8만 명에 달하고, 유튜브 채널 구독자 수가 100만 명이 넘는다. 일단 동영상을 제작해서 올리면 수십만 조회 수는 기본이다.

무엇이 그를 동년배들과 다른 포지션을 갖게 만든 것일까. 내가 내린 답은 역시 디지털 어웨이크닝이다. 도티는 유튜브를 콘텐츠 소비의 대상에서 제작과 유통의 대상으로 시선을 돌렸고, 모바일 터닝시대를 이끄는 디지털적 변화와 추세에 선제적으로 대응했다.

도티가 유튜브를 활동의 중심 무대로 결정한 일은 가장 디지털적으로 진일보한 선제적 대응이었다. 여기에 10대가 열광하는 게임을 무대에 올려놓고 핵심 타깃인 10대를 정면 조준했다. 레거시 미디어가 10대의 목소리를 적극적으로 반영하지 않고, 그들의 언어로 콘텐츠를 만들지 않고 있다는 점도 정확히 파악했다. 도티는 다른 세대와 다른 언어적 소통 방식을 가진 10대를 이해했고, 이를 콘텐츠에 반영했다. 결과는 대박이었다.

물론 상황적인 운도 좋았다고 판단한다. 급격히 성장하는 키즈 콘텐츠 열풍과 도티의 전략적 접근이 시너지를 내며 유튜브를 무대로 한 크리에이터들의 도전에도 불을 붙였다. 실제로 키즈 콘텐츠의 경우 2016년 3분기 기준으로, 국내 유튜브 시청 시간은 2015년 동기 대비 65% 이상 성장했다. 키즈 카테고리의 시청 시간만 보더라도 한 해 전보다 3.5배 성장했다.

우리는 모두 도티와 유사한 디지털 환경에 노출돼 있다. 누구나 스마트폰을 사용하고 그 가운데 많은 사람이 유튜브를 습관적으로 익숙하게 접한다. 우리 모두가 모바일 터닝시대를 이끌고 있는 주역인 셈이다. 하지만 관건은 누가 한 발 더 나아간 개념으로 디지털적으로 깨어난 시각을 갖느냐는 점이다.

그래서 나는 늘 고민한다. 유튜브는 과연 나의 노후 대비가 될 수 있을까. 도티 정도는 아니더라도 책값과 맥주값 정도의 수익을 내가 만든 콘텐츠를 이용해 유튜브에서 벌어들일 수 있을까. 이런 발상이 시답잖게 느껴질 수도 있지만 '도티&잠뜰' 물병이 출시된 것을 보면 이 부러움에 기반을 둔 희망은 도통 멈출 기미를 보이지 않는다.

In-Depth Summary

—

국내 1인 방송 현황

❶ 아프리카TV

국내에서 1인 방송이 활성화된 계기를 만든 주체는 아프리카TV라고 해도 과언이 아니다. 2006년 정식 오픈한 아프리카는 2012년에 아프리카TV로 이름이 변경됐다. 인터넷 개인방송 서비스로, 특별한 기술이나 장비 없이 누구나 스마트기기를 활용해 생방송을 할 수 있는 시스템을 갖추고 있다. 또 채팅 화면이 있어 방송을 만드는 사람과 보는 사람이 실시간으로 소통을 가능하게 만들었고, 별풍선 아이템을 통해 방송 시청자가 방송 제작자를 후원할 수 있도록 했다.

하지만 주로 게임이나 '먹방' 같은 일상 대화형 콘텐츠 등 소수 마니아층만이 즐긴다는 한계를 가지고 있으며, 폭력성과 선정성 논란은 아프리카TV를 언급할 때 빠지지 않고 따라다니는 이슈이기도 하다.

그런데도 스마트기기의 대중화로 1인 방송이 활성화되는 과정에서 1인 방송의 주요 콘텐츠가 아프리카TV를 통해 생산됐고, 1인 방송 활성화에 기여했다는 점은 부인할 수 없는 부분이다.

❷ 네이버 'V라이브' 서비스

아프리카TV가 일반인을 주체로 한 1인 방송 시스템이라면, 네이버 V라이브는 셀러브리티를 주체로 한다. 스타의 일상부터 콘서트, 웹 예능, 토크쇼까지 다양한 방송을 언제든 해당 연예인이 전하고 팬들은 접할 수 있는 서비스다. 2015년 7월 처음 출시된 이후 1년 동안 전 세계 210개국에서 누적 다운로드 2천만 건을 기록하며 선전했다. 특히 한류 팬들의 요구를 적극 받아들여 영어와 중국어는 물론 일본어와 스페인어, 포르투갈어 등 9개 언어와 자막을 동시에 제공한다. 기존에 연예인의 일상이 방송국 온에어 플랫폼을 통해 전해지던 것에서 나아가 이제는 연예인이 직접 1인 라이브에 나서며 팬들과 소통하고 수익화에도 성공하는 모습이다.

V라이브에 유료 수익 모델을 덧붙여 진화시킨 것이 'V라이브 플러스'다. 대표적인 한류 아이돌 엑소의 경우 지난 2016년에 한 달 동안 진행된 '엑소멘터리 라이브' 콘텐츠 구매 건수가 100만을 넘겼다. 방송 하나로 11억 원이 넘는 돈을 벌어들인 셈이다.

네이버의 V라이브는 무엇보다 글로벌 시장의 새로운 수익원 창출이라는 측면에서 의미가 크다는 분석이다. 해외 판매 건수가 전체 판매 가운데 60% 이상을 차지하는 것으로 알려졌는데, V앱 다운로드 역시 해외에서 70% 이상 이루어지고 있다. 한류의 새로운 출구로서 기술 기업 네이버가 글로벌 문화 기업으로 변모할 수 있는 가능성을 입증한 것으로도 볼 수 있다.

❸ CJ E&M의 MCN '다이아티비'

CJ E&M은 지난 2013년 국내에서 처음으로 1인 창작자를 지원하고 육성하는 다중채널 네트워크인 MCN 사업에 진출했고, 지난 2015년에는 'DIA TV'라는 1인 크리에이터 방송 전문 브랜드를 시장에 내놓았다. CJ E&M의 파트너 크리에이터는 이미 400개 팀을 넘어섰고 2017년까지 2천 개 팀을 육성하겠다는 것이 CJ의 포부다. 이 목표가 현실화되면 CJ E&M은 tvN이나 엠넷 등의 자사 계열 케이블 채널 말고도 인터넷에 2천 개의 채널이 더 생기는 셈이다. 온에어 플랫폼 시장에서 뉴스채널을 제외하고는 모든 종류의 채널을 보유한 CJ가 온라인과 모바일 시장에서도 상당한 전략적 접근을 하고 있는 것으로 평가할 수 있는 부분이다.

: 유튜브 헤비 유저가 된 다섯 살 아들

결혼을 하기 전에는 유부남 선배들이 하는 이야기의 절반 이상은 제대로 알아듣지 못했다. 특히 뽀로로나 타요 같은 유아 브랜드에 대해 이야기할 때는 뽀로로와 타요가 무엇인지 알면서도 그 단어들이 왜 대화의 주제가 되어야 하는지 이해할 수 없었다. '대체 왜 뽀로로와 타요로 난리인 거지?'

물론 결혼을 하고 아이를 낳은 뒤에는 그때의 내가 얼마나 무지했던지 즉각적으로 알게 됐다. 뭐랄까, 뽀로로나 타요는 아이들에게는 신 같은 존재다. 텔레비전을 통해서 접하는 뽀로로는 2~3세 아이들에게는 성경과 같은 것이고, 뽀로로 장난감은 예수의 부활에 버금가는 것이다. 이런 기본적인 의미를 모른 상태에서 주말이면 마트에서 줄을 서서 뽀로로를 공수해오고 터닝메카드를 고치기 위해 부평에 있는 손오공 본사를 찾아가는 모습은 당연히 정상적으로 내 인식의 영역으로 들어오지 못했던 셈이다.

텔레비전으로 접하는 뽀로로, 타요, 터닝메카드는 아이들에게 일종의 마약이다. 집에서는 시간을 정해서 텔레비전으로 보여주면 되지만, 텔레비전을 접할 수 없는 환경에서 뽀로로나 타요와의 접신을 요구받으면 난감함도 이런 난감함이 없다. 물론, 아이가 울고불고 난리를 치는 상황이 감당이 안 되는 때로 국면이 바뀌면 '어쩔 수 없이' 스마트폰을 꺼내든다. 유튜브 애플리케이션을 켜고 뽀로로나 타요의 영상을 찾아 나선다. 프리롤 광고가 끝난 뒤부터 잠시나마 나의 정신에는 평화가 찾아온다.

급할 때 계속 써먹다 보니 언제부터인가 내 유튜브 피드는 타요와 뽀로로 등으로 가득 찼다. 주로 골프 강습 영상이나 뉴스나 영화 등이었던 '총각 시절'의 피드와는 달라도 너무 달라졌다. 하지만 어쩔 수 없다. 내가 선택할 수 없는 일상이 된 만큼 유튜브는 내 육아에서 불가결의 존재감을 가진 애플리케이션으로 등극하게 됐다. 물론, 이런 의미 부여는 나에게만 해당되는 것은 절대 아니다. 다섯 살로 접어들면서 제법 대화를 할 수 있게 된 아들은 나에게 말한다.

아들: 아빠, 텔레비전으로 터닝메카드 더블유 보여주세요.

아빠: 안 돼, 엄마한테 혼나.

아들: 그럼 아빠 스마트폰으로 보여주세요. 빨간 상자에 하얀 세모
　　　그려진 거 눌러서 보여주세요.

아빠: (맙.소.사.)

아빠인 나로서는 참 놀라움을 금치 못할 수밖에 없었다. 다섯 살 남자아이는 유튜브라는 이름만 모를 뿐 이미 유튜브의 로고와 그 기능에 대해서는 확실하게 인식하고 있던 것이다. 그래서 한번 기억을 더듬어봤다. '내가 그렇게 유튜브로 동영상을 많이 보여줬던가?'

그랬다. 아이와 드라이브할 때, 낮잠을 재울 때, 아이가 머리를 깎을 때 등등. 그러고 보면 다섯 살 난 내 아이는 이미 유튜브 헤비 유저가 돼 있었다. 그렇게 만들 생각은 전혀 없었는데, 이미

내 아이는 디지털 매체를 통한 콘텐츠 소비를 일상적으로 행하고 있었던 것이다. 디지털 세상에서 디지털기기와 도구 사용에 익숙해지는 것은 당연한 일인데 별별 생각이 다 들었다. 디지털 중독이 되는 건 아닐까, 주변의 스마트기기를 다 없애야 하는 건 아닐까 하는 생각들로 말이다.

그나마 위안이라고 해야 할까. 내 아이만 유튜브의 바다에 빠져 사는 것은 아닌 것 같다는 점은 나름의 위안이 된다. 최근 유튜브에서 주최한 행사에서 뽀로로와 타요의 아빠(?)를 만날 수 있었다. 여기서 말하는 그들의 아빠는 뽀로토와 타요 애니메이션을 제작한 아이코닉스의 최종일 대표다. 나는 최 대표를 처음 만난 자리에서 '우리 집에 뽀로로 50개는 있는 것 같아요'라고 말했더니 짐짓 고맙다는 인사를 건넸다. 그리고 짧게 진행된 그의 강연을 들었는데, 그때 처음 알았다. 국내에서 엄청나게 인기를 얻고 있는 뽀로로와 타요의 인기가, 그 범위를 전 세계로 확대했을 때는, 국내 비율이 10%밖에 되지 않는다는 사실을 말이다.

최 대표는 뽀로로와 타요가 전 세계적으로 인기를 끌 수 있게 된 가장 큰 요인으로 유튜브와의 협업을 꺼내들었다. 유튜브를 통해 전 세계 어린이들에게 소비할 수 있는 창구를 만들 수 있었고, 전 세계 뽀로로와 타요 소비의 90%가 유튜브를 통해 해외에서 이뤄진다고 했다. 국내의 폭발적 인기는 전체의 10%밖에 되지 않는다는 사실에 가장 놀랐고, 전 세계 확산의 가장 큰 도구가 유튜브라는 점에서 다시 한 번 놀랐다.

이 이야기를 듣고 나서야 왜 뉴욕에 사는 꼬마가 타요 버스를 타기 위해 서울로 관광을 온다는 것인지, 왜 유럽에 사는 가족들이 타요 버스를 타고 남산 YTN 타워에 가기 위해 서울 관광에 나선다는 것인지 이해가 됐다. 뽀로로와 타요는 전 세계 꼬마들의 아이콘이 됐고, 국경을 넘어선 확산에 가장 큰 기여를 한 것은 다름 아닌 유튜브였다. 꼬마 유튜브 헤비 유저들은 전 세계에 널리, 고르게 분포돼 있는 것이다.

주말을 맞은 우리집 꼬마 유튜브 이용자는 내게 말을 건넨다. "오늘은 아빠 스마트폰으로 다이노코어 보자." 아이에게 스마트폰을 통해 콘텐츠를 지나치게 노출하는 것은 아닐까 하는 불안감은 최종일 대표의 발표를 듣고 난 뒤 많이 나아졌지만, 여전히 머릿속이 깔끔하게 정리되는 것 같지는 않다. 모바일 터닝시대에는 꼬마 때부터 '디지털 어웨이크닝'을 겪어야 하는 것일까?

: 엄마와 디지털

엄마의 일상에서 가장 쉽게 떠올릴 수 있는 단어는 '미싱', '시다' 같은 의류 공장에서 일반적으로 접할 수 있는 일본어들이었다. 그러고 보면 어린 시절부터 직장 생활을 하기까지 20년 넘는 시간 동안, 엄마의 회사를 떠올리면 늘 시끄러운 미싱 돌아가는 소리와 원단에서 뿜어져 나와 공장을 가득 메운 먼지가 기억의 전면을 차지했다. 지금은 환갑을 넘은 엄마의 인생에서 거의 절반에 달하는 시간을 미싱과 시다, 공장과 먼지 등의 단어들이 상징하는 셈이다.

'엄마는 잔머리 하나는 참 좋은 거 같아. 시골에서 공부 열심히 했으면 잘했을 텐데.' 어머니와 술 한 잔 먹으면 불쑥 튀어나오는 문장들 중 하나다. 내가 어디 나가서 바보 소리 듣지 않고 남한테 아쉬운 소리 하지 않으며 사회생활을 하고 있는 여러 이유가 있겠지만, 가끔은 어머니의 잔머리를 적잖이 잘 물려받아서 아닐까 하는 생각을 한다. 순간적인 판단과 상황 적응 능력만 놓고 보면 어머니는 내 카카오톡 리스트에 이름을 올린 1500여 명 가운데 적어도 10위 안에는 들 것이다.

그래서인지 시골에서 초등학교를 졸업하고 학교 대신 생업에 뛰어들어야 했던 어머니의 유년을 생각하면 마음이 저릴 때가 많다. 어렵던 시절이었지만 그래도 중·고등학교 교육을 일상적으로 받을 수 있는 환경이었다면, 어머니의 예사롭지 않은 '잔머리 지수'가 공교육의 환경에 노출됐다면 적어도 어머니 인생의 절반에 달하는 시간을 상징하는 데 '미싱', '공장' 같은 단어가 아닌 다른 단어가 차지하지 않았을까. 이런 생각이 마흔을 바라보는 아들의 입장에서 종종 아쉬움으로 떠오른다.

20년 넘는, 아니 30년 가까이라는 표현이 더 적확하겠다. 그 오랜 시간 좁은 미싱기 안에 갇혀 있던 어머니의 새로운 능력이 발현된 것은 아마도 어머니가 스마트폰을 처음으로 구매할 때 시작되지 않았나 싶다. '공장 출퇴근할 때 말고는 집 전화기도 있겠다, 굳이 뭐 하러 스마트폰을?' 난 이런 생각을 가졌다. 100만 원에 달하는 고가 스마트폰과 어머니는 잘 어울리지 않을 것이라고, 아늘이라는 놈은 참 단순하게도 생각했던 것 같다.

손안의 작은 세계로 불리는 스마트폰이 어머니 손에 들어갔을 때부터 어머니의 좁은 일상도 상당히 확장됐다. 먼저, 모자 사이인 우리는 전화로 안부를 물을 때보다 카카오톡으로 장소와 때를 구분하지 않고 대화하는 상황이 급격히 늘었다. 전화 통화에서 문자 메시지로 안부를 주고받는 방식이 이어지다, 2010년도를 넘어서면서 문자 대신 카카오톡으로 그 이용 수단이 바뀌었다. 카카오톡 메시지보다 나를 놀라게 했던 것은 어머니가 카카오스토리를 사용한다는 사실을 알게 됐을 때였다. 사실, 카카오스토리 같은 SNS는 20, 30대의 전유물이라고 '근거가 미약한' 판단을 하고 있었던 것 같다. 싸이월드에서 트위터로, 트위터에서 페이스북으로 이어지는 일련의 SNS의 변화 내지는 발전의 과정에서 적어도 50대와 60대 이상의 세대는 동떨어져 있다고 딱히 이유 없이 판단하고 있었다. 그래서 어머니의 카카오스토리 활용에 더 큰 놀라움을 느꼈던 것으로 생각된다.

어머니가 카카오스토리를 사용하면서 우리 가족의 커뮤니케이션 범위 역시 크게 확장됐다. 대개 일주일에 한 번, 그것도 주말에 전화로 안부를 묻는 정도와 주기적인 가족 행사에 따른 만남 등의 범위가 카카오스토리라는 애플리케이션 하나로 굉장히 큰 변화를 겪기 시작한 것이다. 가장 큰 변화는 가족 내 커뮤니케이션의 일상화였다. 내가 아들 자랑 삼아, 아니면 자상한 아빠라는 콘셉트를 뽐내기 위해 각종 사진과 동영상을 카카오스토리에 올리면 주로 친구들이나 동료들이 댓글을 달며 화답을 해줬는데,

언제부터인지 어머니가 댓글 작성자로 이름을 올리며 아들과 손주의 모습에 환호했다. 어머니가 공유라도 할 경우에는 이모에 숙모, 사촌들까지 전국 팔도는 물론 미국에 있는 내 모계 혈통 관계자들의 일상 모습이 눈앞에 펼쳐졌다.

나 역시 어머니의 일상을 어머니의 목소리가 아닌 카카오스토리를 통해서 확인할 수 있게 됐다. '지난 주말에 어디 놀러 가신다더니 다녀오셨구나', '시골에 다녀오셨네, 통화를 해봐야겠다' 등의 생각을 카카오스토리에 올라온 사진들을 보고 하게 된 것이다. 누가 시킨 것도 아니고 의도한 것도 아닌데, 우리 가족의 의사소통의 상당 부분은 디지털 공간에서 이뤄지게 됐다. 아마도 이때부터 어머니의 인생을 상징하는 단어 가운데 하나로 '카카오스토리'가 추가됐을 것이다.

재미있는 것은 이러한 변화, 다시 말해 디지털이 일상화되고 디지털적으로 대화하고 일상을 공유하는 것이 우리 가족만 겪는 변화가 아니라는 점이다. 친구들의 부모님들, 직장 동료들의 가족들 거의 모두에서 디지털 커뮤니케이션을 통해 가족 커뮤니케이션이 이루어진다. 우리는 라디오에서 텔레비전을 거쳐, 인터넷과 스마트폰이라는 새로운 커뮤니케이션 도구 앞에서 우리도 모르는 사이에 '디지털 어웨이크닝'을 겪게 된 것이다. 환갑을 넘어선 내 어머니도 어쩌다가 스마트폰을 손에 쥐게 되면서 디지털적인 깨어남을 경험하고 있다. 더욱이 인생의 반평생을 공장과 집만 넘나들며 살았던 어머니의 인생사에 디지털이 끼어들어 성공적으로 자리매김했다는 점에서 아들인 나는 더 큰 놀라움을 느끼는 것 같기도 하다.

모바일 터닝시대를 맞고 있는 우리네 삶에서 디지털 어웨이크 닝은 이미 일상이 됐다. 대한민국 인구 5천만 명 가운데 스마트폰을 사용하는 사람은 4천만 명에 달하고, 대한민국 대표 메신저라고 불리는 카카오톡을 사용하는 사람 역시 4천만 명 정도로 추산된다. 쉽게 말해 대한민국에서 스마트폰을 사용하는 사람들은 거의 대부분 카카오톡을 사용하고 있다는 의미이기도 하다. 사실 이런 점은 대한민국의 독특한 특이성이기도 하다. 물론 대한민국이 이처럼 일상적인 디지털 어웨이크닝을 겪을 수 있는 가장 큰 배경은 높은 인터넷 보급률이다. APAC 가입국 가운데 한국의 인터넷 사용률은 90%로, 93%인 일본과 92%인 뉴질랜드에 이어 3위다. SNS를 사용하는 비율은 전체 인구 가운데 무려 83%에 달하는데, 이는 전 세계 기준으로 2위, APAC 국가들 가운데 압도적인 1위다(〈그림 2〉). IT 강국이라 불리는 나라답게 디지털 일상화 역시 매우 빠른 속도로 이뤄지는 셈이다.

영화 담당 기자를 할 때 가끔 영화 관계자들에게 이런 농담을 할 때가 있었다. "이 영화는 천만 관객 동원해요." "아니, 이 기자, 근거는 뭐야?" "그 영화 우리 어머니가 봤거든요. 우리 어머니가 본 영화는 무조건 천만 갑니다." 웃자고 한 이야기지만 실제로 그랬다. 극장에서 영화를 보는 행위를 일상적으로 소비하지 않는 우리 어머니까지 극장으로 향하게 만든 작품이면 어지간한 사람들은 다 봤다는 의미로 나는 해석하곤 했다. 그래서일까, 나는 '디지털 어웨이크닝'의 의미에서도 '우리 어머니마저 디지털 어웨이

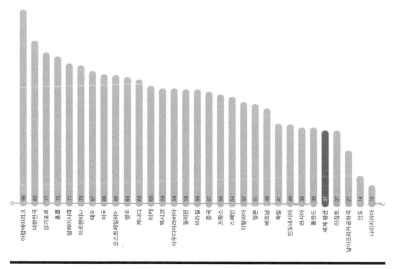

〈그림 2〉 APAC 가입국의 인구당 소셜 미디어 사용률

주: 2017년 1월 기준.
자료: https://wearesocial.com/special-reports/digital-in-2017-global-overview

크닝을 겪고 있으니, 이것은 이미 일상화된 현상이다'라고 나름의 논리를 들이밀기도 한다. 디지털 어웨이크닝은 이미 모두가 겪고 있는 우리의 일상이고 모바일 터닝시대의 상징이다.

: 모바일 新삼국지, 승리의 깃발은?

디지털뉴스팀장으로 일하던 시기에 매일 아침 6시, 내 카카오톡에는 365일 중 하루도 빼놓지 않고 하루에 1개씩, 1년 동안 365

개의 일상직인 메시지가 들어왔다. 전날 하루 디지털 부문의 성과를 담은 일종의 성적표다. 어떤 메시지가 나를 기다리는 줄 뻔히 알면서도, 항상 이 메시지를 볼 때는 약간의 긴장과 기대가 수반된다. 혹시나 하는 마음은 매일 아침 나를 맞이하는 첫 번째 감정이기도 했다. 디지털뉴스팀장으로 일했던 시간 동안 매일 반복된 하루 첫 일과는 이렇게 시작됐다.

2016년 8월 전까지 이 메시지의 중심은 네이버와 페이스북이었다. 보통은 네이버의 수치가 훨씬 크고, 상황에 따라 페이스북의 수치가 오르내리며 네이버의 아성에 도전하는 정도였다. 거의 매일 그랬다. 별다른 이변과 변수가 생기는 날은 그렇게 많지 않았다. 쉽게 말하면 온라인과 모바일의 트래픽은 거의 네이버 위주였다는 것이 큰 틀에서는 틀린 말은 아니었다.

이 같은 상황은 최근 몇 년 동안 지속되고 있었던 것이다. 내가 처음 디지털뉴스팀을 맡았을 때 내 전임자는 이런 조언을 했다. "이 자리에서 해야 할 가장 중요한 일은 네이버 메인에 걸릴 제목을 만들어내는 것이야." 이 말과 현실은 크게 다르지 않았다. 지난 2016년 봄의 상황만 하더라도 하루 일과 가운데 가장 큰 부분은 네이버에 걸릴 만한 제목을 고민하는 일이었다. 결국 우리는 선택받는 입장이었기 때문에 받아들이지 않을 권리가 없었던 현실이었다.

물론 페이스북의 등장으로 이런 현실에 변화의 신호를 줄 수 있는 기회가 생긴 것만은 분명했다. 네이버의 경우 모든 편집 권한을 네이버가 가지고 있어서 우리가 할 수 있는 것이 사실상 아무엇도 없었던 반면, 페이스북은 우리에게 많은 권한을 부여했다. 게시할 수 있는 아이템과 게시할 수 있는 방식을 우리 스스로 결정하고 진행할 수 있었다. 페이스북의 영향력이 커질수록 우리의 영향력 또한 커져갔고, 그렇게 우리는 국내 언론사 가운데 선두의 입장을 만들어갈 수 있었다. 물론, 네이버가 연간 수억 원대의 전재료를 주고 우리 기사를 유통하는 반면, 2016년 8월 이전까지는 페이스북을 통해서 아무런 수익이 나지 않는다는 것이 큰 고민거리였다. 물론 인스턴트 아티클 덕분에 이 부분도 조금씩 해소되어갔다.

이런 시기에 우리에게 산뜻한 충격으로 다가온 것이 카카오 채널이었다. 네이버가 우리에게 상당한 기사 사용료를 주고, 페이스북이 새로운 대안을 제시하는 와중에 카카오 채널은 우리에게 무시무시한 트래픽을 가져다주었다. 4천만 카카오톡 이용자가 우리의 콘텐츠를 소비하면서 상상도, 기대도 하지 않았던 부분의 효과를 가져다준 셈이었다.

카카오 채널의 트래픽 효과는 상당했다. 대외비 정보여서 구체적인 수치를 밝힐 수는 없지만, YTN의 온라인 트래픽의 절반 이상이 카카오를 통해서 들어왔다. 4천만 카카오톡 이용자의 힘을 체감할 수 있었다. 카카오 채널 등장 이후 기본 트래픽이 급증하면서 온라인 광고 수익 증대라는 간접 효과까지 확보됐다. 확실히, 2016년 8월 카카오 채널이 언론사 기사를 유통하기 시작한 이후 대한민국의 모바일 뉴스 유통의 흐름은 크게 바뀌었다. 기존 네이버와 페이스북의 양자 진영이 3자 대결 구도로 바뀐 것이다.

물론 카카오는 아직 우리에게 직접적인 수익을 가져다주지는 않고 있다. 궁극적으로는, 페이스북이 2017년을 기점으로 인스턴트 아티클을 통해 우리에게 적잖은 수익을 주는 것처럼 카카오 역시 이 같은 방향성을 가지고 어떤 당근 내지는 미끼를 내놓을 가능성이 높다. 다시 말해, 카카오 채널도 페이스북과 비슷한 형식으로 배너 광고 등을 통해 콘텐츠를 제공하는 언론사에게 수익을 가져다주는 방식을 현실화할 가능성이 높다는 것이다. 이렇게 되면 카카오는 배너 광고를 통한 직접적 수익과 트래픽을 통한 간접적 수익을 언론사에게 줄 수 있게 되는 만큼 언론사에 대한 영향력 또한 커질 가능성이 높다.

결국 카카오가 모바일 콘텐츠 유통에 적극적으로 뛰어들면서 대한민국의 모바일 뉴스 콘텐츠 유통 시장은 삼국지 지형으로 더욱 깊게 자리매김하는 모습이다. 하지만 세 곳의 특성은 모두 다르고, 앞으로의 전개 방향성 또한 각자의 독특성을 가지고 있다. 이 때문에 어떤 식으로 지금의 新삼국지 체제가 진행될지는 섣불리 단정하기 어렵다. 다만 확실한 것은 카카오의 선전과 페이스북의 약진, 네이버의 현상 유지 노력이 앞으로 2~3년 동안 불가피한 트렌드로 지속될 것이라는 점이다.

특히, 하루하루 급변하는 모바일 환경에 걸맞게 디지털 어웨이크닝을 겪고 있는 사용자들의 특성이 결합하고 있는 만큼 지금의 시장이 어떤 방향으로 전개될지에 대해서 섣불리 전망하기 어려운 상황이다. 다만 사용자들의 적극적인 개입, 이를 통한 참여저널리즘은 어떤 방식으로든 확대될 것이다. 우리의 권리와 권한을 확대할 수 있는 권리가 우리 안에 존재하기 때문이며, 이는 스마트폰이 우리에게 가져다준 현실이다.

발터 벤야민은 신문의 독자투고란이 처음 등장했던 1920년대에 뉴스의 소비자가 생산자가 될 수도 있는 시대적 변화에 매우 높은 의미를 부여했다. 이런 관점에서, 오늘날에는 4천만 스마트폰 사용자 누구나 뉴스의 생산자가 될 수 있는 현실이 도래했다. 벤야민이 이 시대를 살았더라면 저명한 그의 저작에 '기술 복제 시대의 예술 작품'이라는 제목 대신 '스마트폰 시대의 예술 작품'이라는 제목을 사용했을지도 모른다.

: 디지털 인류의 뉴스 사용 설명서

〈무한도전〉이 첫 방송을 탄 시점을 아직도 기억하는 것은 어둡고 캄캄해 보이기만 했던 언론고시 준비 과정에서 유일하게 웃음을 줬던 프로그램이었기 때문이다. 특히나 〈무한도전〉이 세상에 처음 선을 보였던 2005년부터 기자가 되기 전까지 1년 반 정도의 시간은 인생의 암흑기였다. 대학 졸업반에 언론사 시험은 서류나 필기 전형부터 번번이 떨어지며 잘못된 꿈을 꾸고 있는 건 아닌지 하루하루 압박감에 시달렸었다. 스터디가 끝난 금요일 저녁에는 부어라 마셔라 술을 마시며 날을 지새우는 게 주간 일정 가운데 하나였다.

밤을 새우다시피 스터디 멤버들과 술을 마시고 부스스하게 정오쯤 눈을 뜨면 (물론, 지금은 가끔 그때의 기분과 정서가 그립기도 하다) 내가 지금 뭐하고 있는 것인지, 방송기자 되고 싶다는 놈이 이러고 사는 게 맞는 것인지 한숨만 푹푹 쉬며 토요일 오후를 보내곤 했다.

이렇게 매주 토요일마다 반복된 한숨을 웃음으로 바꿀 수 있게 해준 것이 〈무한도전〉이었다. 재미도 재미지만 마음만 먹으면, 노력을 한다면 그게 뭐든 해낼 수 있다는 자신감을 웃음 속에서 던져준다는 점이 가장 마음에 들었다. 그래서인지 난 자연스럽게 〈무한도전〉에 빠져들었으며, 이 프로그램은 내 수험 기간에 가장 큰 위안거리 가운데 하나였다.

물론, 내가 〈무한도전〉을 더욱 친숙하게 느낄 수 있었던 것에는 방송사 지망생이었던 내가 가장 입사하고 싶었던 곳이 MBC였던 점도 한몫했던 것 같다. MBC 뉴스를 봤고, MBC 〈무한도전〉의 팬이었고, MBC 맨이 되기를 꿈꿨던 셈이다.

"박근혜 정권 후반기 대표적인 부역자로 꼽히는 MBC가 당신의 꿈이었습니까"라고 요즘 10대나 20대가 물을 수도 있을 것 같다. 그런데 진짜. 10~15년 전만 하더라도 대학생들이 가장 가고 싶어 하는 언론사는 MBC였다. 보수 정권이 들어서면서 한없이 추락하는 MBC의 모습이, 남의 회사이지만 더 아프게 느껴졌던 것은 MBC라는 곳이 20대 중반까지 내 마음속에서 아주 강렬한 흔적을 남기고 떠난 곳이었기 때문이다.

그때와 지금의 MBC가 사회적으로나 인식적으로나 매우 다르지만 여전한 것은 〈무한도전〉이라는 프로그램이다. 멤버 구성이 조금 바뀐 것 빼고는 여전히 유재석이 키를 잡고 김태호 피디가 중심에 서 있다. 그런 〈무한도전〉에 여전히 10대와 20대는 환호한다. 가장 큰 변화는 아주 많은 사람이 〈무한도전〉을 좋아한다는 것이다. 그리고 MBC의 〈무한도전〉이 아닌 〈무한도전〉을 좋아한다는 것이다. 사람들은 김태호의 〈무한도전〉 또는 유재석의 〈무한도전〉을 소비한다. MBC가 제작하고 방송한다는 것을 굳이 모르더라도 우리는 유튜브가 됐든 네이버가 됐든 〈무한도전〉을 찾아볼 수 있는 환경에 처해 있기 때문에 이 같은 인식의 변화로까지 이어질 수 있었다

디지털 혁신시대, 모바일 터닝시대에 이뤄진 이 같은 인식 변화는 비단 〈무한도전〉에만 국한되는 것은 아니다. 당장 국내 최대 포털 사이트인 네이버에만 들어가 봐도 사람들은 뉴스를 볼 때 제목을 보고 기사를 소비하지, 어느 언론사가 썼는지를 확인한 뒤 언론사의 호감 여부에 따라 기사를 소비하지 않는다. 그들은 눈에 띄는 제목과 콘텐츠를 소비한다. 모바일 터닝시대에 걸맞게 뉴스 소비 양식에도 큰 변화가 생긴 셈인데, 브랜드보다 콘텐츠 그 자체가 우위를 점하게 된 것이다.

실제로 네이버든 다음이든 뉴스 메인에 걸린 기사는 우리가 흔히 생각하는 주요 언론사의 기사가 아닌 경우가 매우 많다. 잘 모르는 인터넷 언론사이지만 당당히 메인에 이름을 올리는 경우가 수두룩하고, 뉴스를 소비하는 소비자 역시 이에 대해 크게 개의치 않는다. 소비자로서 나는 뉴스를 소비하는 것이지 브랜드를 소비하는 것은 아니기 때문이다. 소비자로서 나는 〈무한도전〉을

보는 것이지 걸코 'MBC'의 〈무한도전〉을 소비하는 것은 아닌 것과 정확히 같은 이치다.

이런 소비 습성에 맞춰 일부 인터넷 언론사의 편집 회의는 기존 언론사들의 편집 회의와 질적으로 다르다. 레거시 미디어의 편집 회의나 보도국 회의는 이슈별 또는 아이템별로 논의가 진행되는 경우가 많은 반면, 신생 인터넷 미디어의 경우에는 '어떻게 하면 포털 사이트 메인에 걸리는 제목을 뽑을 수 있을 것인가'를 논의하는 경우도 많다. 디지털 환경에서 변하는 소비 특성에 맞춰 제품을 만드는 제조사에서도 그 방식에 큰 변화를 주고 있는 것이다.

이렇다 보니 전통 뉴스채널에서 뉴스 콘텐츠를 만들고 유통하는 나 같은 사람은 늘 고민에 빠진다. 출입처에서 기자 생활을 하거나 스튜디오에서 앵커로 일할 때는 전혀 신경을 쓰지 않았던 부분인데, 디지털 부문에서 일하면서 뉴스 유통에 대해 새로운 관점이 생긴 것 같기도 하다. 사람들은 과연 YTN의 콘텐츠를 소비하는 것일까, 수많은 콘텐츠 가운데 하나로서 기사 자체를 소비하는 것일까. 정답은 명확하다. 문제는 바로 소비자의 인식 변화 속도만큼 제품 제작사의 인식 변화가 못 따라가고 있다는 것이다.

II
디지털 혁신의 시대

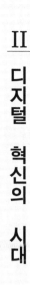

뉴스를 소비하는 일반 소비자들이 빠른 속도로 디지털 어웨이크닝을 겪으면서 뉴스를 만드는 언론사의 시스템도 빠르게 바뀌고 있다. 소비 특성이 기존의 틀을 벗어나면서 언론사 역시 기존의 방송과 신문 지면을 통한 콘텐츠 유통에는 한계가 있다는 점을 깨닫기 시작한 것이다. 특히, 모바일을 통한 콘텐츠 유통의 파급력이 방송과 신문 못지않다는 점이 시시각각 확인되면서 언론사 역시 디지털적인 깨어남을 겪기 위한 몸부림에 적극적으로 나서고 있다.

: 스마트폰의 역습,
신문과 방송의 위기

1. 아침에 눈을 뜬다. 밤사이 무슨 일들이 벌어졌는지 뉴스가 궁금하다. 페이스북 애플리케이션을 켠다. 내 피드에 나열된 이런저런 언론사들의 기사를 본다. 밤사이에 일어난 국내 사건·사고 소식부터 해외 테러 소식, 각국 정상들의 회담 소식까지 대략적인 소식들을 접한다.

2. 출근을 하기 위해 버스를 탄다. 조금 일찍 도착할 것 같아 회사 동료에게 카카오톡 메시지를 보낸다. '오늘 일찍 출근한 김에 모닝커피는 내가 쏜다!', '콜! 1층 카페에서 만나!' 톡을 주고받은 뒤 오른손 엄지손가락으로 스마트폰 화면을 왼쪽으로 휙 하고 넘기며 카카오 채널 페이지로 이동한다. 메인 페이지에 여러 신문, 방송사의 기사는 물론 각종 매거진 기사까지 가지런히 정리돼 있다. 솔직히 기사 제목에는 별로 눈이 안 간다. 눈에 띄는 이미지(썸네일)부터 클릭한다. 기사 수도 별로 많지 않아서 크게 부담되지 않는다. 그렇게 카카오 채널 메인 페이지에 올라온 기사 몇 개를 보고 나니 회사 앞이다. 다시 동료에게 카톡을 보낸다. '2분 뒤 도착. 내려와!'

3. 커피를 마시며 잠시 수다를 떤 뒤 자리에 앉았다. 오늘 하루 일정을 살펴보고 보고까지 마쳤다. 잠시 시간이 남아서 컴퓨터로 네이버에 들어갔다. 뉴스 메인 페이지에만 수십 개의 기사 제목이 나열돼 있다. '뭐가 있나 좀 볼까' 하는 생각이 들었지만, 아침에 페이스북과 카카오로 대

충 기사를 본 상황이라서 그민둔다. '일이나 하자.'

4. 어떻게 하루가 갔는지 벌써 퇴근 시간이다. 오늘은 회식도 없고 모처럼 집에 일찍 들어가서 저녁을 먹기로 했다. '저녁 먹고 넷플릭스Netflix로 미드나 한 편 봐야지.' TV를 켰다. 그런데 옆에 있던 아버지가 8시 뉴스를 보신다고 한다. '요즘 누가 8시 뉴스를 보나' 했는데 그런 사람이 내 옆에 있다. '뉴스 보실 거면 스마트폰으로 보세요.' 목젖까지 올라오는 말을 참았다. 이미 다 알고 있는 소식들을 8시 뉴스로 다시 한 번 정리하는 느낌이다. '뉴스 시험 볼 것도 아닌데 굳이 또 봐야 하는 건가' 또는 '낮에 SNS로 본 것과 다른 게 하나도 없는데 봐야 하는 건가' 하는 생각이 자꾸 머릿속에 맴돈다.

뉴스 소비 방식의 변화를 설명하는 유행어 같은 한 문장이 있다. "중요한 뉴스라면 뉴스가 나를 찾아올 것이다If the news is important, it will find me." 아주 틀린 말은 아닌 것 같다. 내가 페이스북이나 카카오 채널을 통해서 접하는 뉴스는 내가 찾은 것이라기보다 나를 찾아온 뉴스에 가깝기 때문이다. 불과 몇 년 전까지만 해도 8시 뉴스를 기다리거나, 신문을 찾아보거나, 네이버 같은 포털 사이트에 들어가서 뉴스를 보는 게 더 익숙했던 상황인데 뭔가 바뀌어도 크게 바뀌었다.

상황이 이렇다 보니, 시장의 많은 전문가는 지금 상황을 신문과 방송 같은 레거시 미디어의 위기로 해석한다. 이 역시 크게 틀린 말은 아닌 것으로 보인다. 신문을 사서 보는 사람들이나 텔레비전 앞에서 8시 뉴스를 기다렸다 보는 사람의 수가 기하급수적으로 줄어들고 있다는 것은 이미 여러 조사 결과를 통해서 직간접적으로 입증됐다. 반면 스마트폰의 보급이 일반화되면서 모바일을 통한 뉴스 소비는 기하급수보다 더 빠른 속도로 늘어나는 상황이다. 사람들은 이미 디지털 세상의 환경에 맞춰서 빠르게 디지털적인 깨어남을 경험하고 있다. 이에 따라 전 세계 모든 언론사가 하나같이 입을 모아 '모바일 퍼스트', '디지털 퍼스트'를 외치고 있고, 그럴 수밖에 없다. 그렇지 않으면 도태될 것이 뻔하기 때문이다.

단언적으로 말할 수는 없겠지만, 국내 언론사에서 '모바일 퍼스트'나 '디지털 퍼스트'가 완벽히 실현되기에는 아직 좀 더 시간이 필요해 보인다. 언론의 주 수입원인 광고 수익이 여전히 레거시 미디어에 집중돼 있기 때문이다. 하지만 시간이 그리 오래 걸리지는 않을 것 같다. 예측 기준점은 미국 시장의 변화에서 찾을 수 있다. 미국의 경우 광고주의 광고비 집행이 이미 상당 부분 모바일로 넘어갔다. 통상 미국에서 벌어지는 현상이 국내에 반영되는 데 3년 정도 걸리는 점을 고려하면 대한민국에서는 2018년을 전후로 해 미디어 시장에 큰 변화가 벌어질 가능성이 높다. 2016년에 국내 모바일 광고비가 신문 광고비를 처음으로 넘어선 것을 그 신호탄으로 해석할 수도 있다. 일부 신문과 방송사들이 '디지털 퍼스트'를 외치며 편집국, 보도국과 디지털 부문의 통합을 실험하고 있는 점도 세계적인 추세가 대한민국에서 현실화되는 것을 준비하는 흐름일지도 모른다.

물론, 이 같은 전망 역시 보기 좋게 빗나가고, 죽어가는 레거시 미디어가 여전히 생명력을 유지하며 (10년 전에 샀던 책의 제목이 '신문도 방송도 죽었다'였다) 하나의 권력으로서 더 오랜 시간 존재할지도 모른다. 다만 어떤 결과가 벌어지든 대비하고 준비해야 하는데, 이런 점을 인식하는 언론인이 생각보다 많지 않다는 데 문제점이 있다. 준비 없이 미디어 조직 내 권력 구도의 변화가 생긴다면, 3년쯤 뒤 대한민국에서 모바일 광고비가 온에어 광고비를 추월한다면 어떤 일이 벌어질까? 일단은 생각하고 싶지 않을 정도로 큰 충격이 우리에게 다가올 것이다. 그래서 우리는 준비해야만 한다. '디지털 퍼스트'를 그리고 '모바일 퍼스트'를 말이다.

: 혁신의 본질, 혁신은 시작된 것일까

나는 디지털뉴스팀장으로 일하면서 YTN의 디지털 부문 실무 책임자였다. YTN이라는 브랜드를 통해 온라인, 모바일로 유통되는 모든 콘텐츠는 내 손을 거쳐야 했다. 페이스북, 카카오 채널 같은 국내외 핵심 플랫폼과 네이버, 다음 같은 포털 사이트는 물론이고 YTN 홈페이지에 올라가는 모든 콘텐츠 유통에 대한 실무적 책임과 권한을 가졌던 셈이다. 그래서 나는 YTN 홈페이지의 편집인이기도 했다.

디지털뉴스팀장으로서 내가 맡은 역할이 이렇다 보니 나는 50

만이 넘는 팔로어를 가진 YTN 페이스북 페이지 운영 책임자이기도 했다. 어떤 모바일 콘텐츠를 만들어 어떻게 페이스북에 유통할까를 고민하는 일은 내가 월급을 받고 일을 하는 과정에서 많은 부분을 차지하고 있었다. 2016년 한 해 동안의 성과는 아주 성공적이었다. 한 달 동안 YTN 페이스북 페이지에 올라온 게시물을 받아 본 사람의 수가 무려 1억 2천만 명에 달했다. 한 주로 따지면 3천만 명에 가까운 사람들에게 YTN의 페이스북 게시물이 도달한 셈이다. 이 3천만을 보통 YTN 페이스북의 주간 도달이라고 부른다. 2016년 5월 기준 천만 전후로 머무르던 수치가 8월을 지나면서 3배 이상 급증하며 국내 기성 언론 가운데 압도적인 기록을 선보였다. 페이스북이라는 플랫폼을 통해 어떻게 하면 더욱 효과적으로 콘텐츠를 유통할지가 대한민국 모든 언론사의 디지털 부문 책임자들의 화두인데, 이런 면에서 나는 적어도 웃을 수 있는 여지를 가진 행운아였다.

페이스북과 더불어 대표적인 신흥 플랫폼은 카카오 채널이다. 카카오는 2016년 8월부터 언론사들의 뉴스 콘텐츠를 받아 카카오톡에서 유통하기 시작했다. 카카오톡 채팅창에서 바로 옆에 있는 카카오 채널로 옮겨 갈 수 있는데, 여기에서 뉴스를 비롯한 각종 콘텐츠를 유통하기 위한 작업에 카카오가 뛰어든 셈이다.

이런 배경 때문인지, 카카오의 노력 때문인지는 모르겠지만 카카오 채널은 일단 성공적이라고 평가할 수 있다. 이 같은 평가의 근거는 온라인 지표다. 지난 2016년 카카오 채널이 오픈베타 서비스를 선보였을 때 가장 성공적으로 안착한 언론사로는 YTN과

〈사진 2〉 YTN 뉴스퀘어 전경

≪중앙일보≫를 꼽을 수 있다. 그 이유는 카카오 채널 입점 전과
후에 크게 바뀐 온라인 트래픽 수치다. 언론사별로 차이는 있지
만 카카오 채널 입점 이후 트래픽이 2~4배 정도는 올랐다는 것이
업계의 분석이다. 여기서 트래픽이라는 것은 방송으로 따지면 시
청률, 신문으로 따지면 구독률 정도로 비유할 수 있는데, 쉽게 말
해 카카오 채널 덕에 온라인 시청률이 4배 정도 뛰어오른 것이다.
말 그대로 잭팟이 터진 셈이다.

　페이스북과 카카오를 통해 확인할 수 있는 이 같은 수치 덕에
국내 모든 언론사는 페이스북과 카카오 등 국내외 플랫폼에서 성
과를 내기 위해 안간힘을 쓴다. 전 세계 대부분의 언론사가 페이
스북을 뉴스 콘텐츠의 주요 유통 수단으로 활용하고 있다. 국내

언론사들에게 카카오 채널은 2016년 하반기 '가장 뜨거운' 플랫폼으로 떠올랐다. 페이스북과 카카오 채널 같은 모바일 SNS는 물론이고 네이버나 다음 같은 포털 사이트 등에서 얻은 성과는 해당 언론사의 디지털 혁신의 지표나 성과로 간주되기도 한다.

그런 의미에서 YTN, SBS, ≪중앙일보≫ 등은 국내 언론사로서는 상당한 디지털 혁신을 이룬 곳이다. 이 세 곳은 공통적으로는 자체 독자 애플리케이션과 홈페이지를 통해 디지털 대응을 하면서 페이스북이나 카카오 채널 같은 국내외 SNS 플랫폼을 전략적으로 적극 활용한다. 물론 개별적인 전략을 보면 동일한 곳은 기의 없다. YTN은 '제보 영상' 같은 독자적인 콘텐츠를 개발하면서도 페이스북이나 카카오 채널 등을 통한 모바일 콘텐츠 유통에 좀 더 힘을 싣는 반면, SBS의 경우에는 '스브스' 브랜드를 활용한 카드 뉴스부터 데이터저널리즘, SNS 기사 제작 등 다양한 콘텐츠 포맷을 제작하는 동시에 '비디어머그' 같은 서브 브랜드를 만드는 데도 많은 노력을 쏟아붓는 모습이다. ≪중앙일보≫는 이석우 전 카카오 대표를 전격 영입한 뒤 통합 뉴스룸 체제를 구축했는데, 웹과 모바일에 기사를 먼저 전송하고 이를 바탕으로 신문 지면을 만든다는 것이 핵심이다. 말 그대로 '디지털 퍼스트'를 전면에 내건 셈이다.

방금 언급한 언론사들은 나름의 특성을 가지고 모바일을 비롯한 온라인 시장에서 어느 정도 성과를 올린 곳이다. 그래서 디지털 혁신을 이야기할 때 거의 빠짐없이 거론되는 언론사들이기도 하고 회사 외부에서 이런저런 공로를 인정받기도 한다. YTN의 경우에도 제34회 관훈언론상 저널리즘 혁신 부문을 거머쥐며 혁신 실험에 대한 공로를 인정받았다. 이런 성과가 이어지는 상황에서도 끊임없이 머릿속을 떠나지 않는 질문이 있다. '과연 우리가 머리 터지게 진행하고 혁신이라고 부르는 작업들이 과연 혁신적일까.'

언론사들은 모두 각자의 브랜드를 걸고 브랜드의 특성에 기반을 둔 콘텐츠를 만든다. 하지만 그렇게 만들어지는 콘텐츠들은 해당 브랜드의 온라인·모바일 페이지가 아닌 페이스북, 카카오, 네이버, 다음 등을 통해서 '주로' 소비된다. 온라인으로 콘텐츠를 소비할 때 언론사의 홈페이지에 직접 들어가서 뉴스 콘텐츠를 소비하는 경우는 7%에 불과한 것으로 알려져 있는데, 실무 지표를 꼼꼼히 따져보면 7%도 높은 것이 아닐까 하는 생각이 들 때가 더 많다. 사람들은 페이스북과 카카오, 네이버와 다음 등을 통해서 훨씬 더 많은 콘텐츠를 소비하는 것이다.

상황이 이렇다 보니 국내외 언론사들은 모두 자사의 브랜드에 기반을 둔 온라인 페이지가 아닌, 페이스북과 카카오 등이 만들어준 운동장에서 활동을 할 수밖에 없다. 모바일 플랫폼과 포털 사이트 등에 대한 의존도는 시간이 지날수록 더욱 강화되는 것이 지금의 현실이다.

특히 이 같은 추세는 스마트폰의 급격한 일상화로 더욱 가속화되고 있다. 사람들은 더 이상 신문이나 텔레비전으로 뉴스를 보지 않는다. 물론 보기는 본다. 하지만 손안의 세상인 스마트폰을 통해 훨씬 더 많은 콘텐츠를 소비한다. 앞으로 이 같은 추세는 더욱 확장되고 빨라질 수밖에 없는 상황이다.

그래서 나는 디지털뉴스팀에서 일하는 동안 내가, 우리 팀이, 우리 회사가 '혁신'이라고 말하는 것이 과연 무엇을 위한 혁신인지, 무엇에 대한 혁신인지 의문이 끊이지 않았다. 기술의 혁신을 따라가기 위해 아등바등하는 것은 아닌지, 혁신이라는 이름 아래 저널리즘의 가치를 잃어가는 것은 아닌지 등의 의문 말이다.

물론 당장에는 이런 의문에 대해서 누구도 분명한 대답을 할 수 없을 것이다. 그런 대답을 명확하게 할 수 있는 시기가 도래하지 않은 시기에 이미 '혁신'이라는 구호는 대한민국 모든 언론사에게 하나의 유행어가 됐기 때문이다.

: 너도나도 통합 뉴스룸, 옷이 바뀐다고 사람도 바뀔까?

'혁신'이라는 유행어에 요즘 꼭 같이 따라다니는 또 다른 유행어가 바로 '통합 뉴스룸'이다. 지금 대한민국 언론의 화두를 보여주는 대표적인 단어 역시 '디지털 혁신'과 '통합'이다. 그동안 각 언론사의 보도국과 편집국의 하위 개념으로 인식되던 디지털 부문과 보도 부문의 통합을 너도나도 시도하고 있다. 이유는 간단하다. 스마트폰의 대중화 때문이다. 집에서 텔레비전이나 신문으로 뉴스를 소비하는 사람이 갈수록 줄어드는 반면, 국내 4천만 스마트폰 이용자들은 필요할 때 스마트폰으로 원하는 뉴스를 소비한다. 뉴스 소비의 패러다임이 바뀐 셈이다.

상황이 이렇다 보니, 너도나도 '디지털 퍼스트', '모바일 퍼스트', '통합 뉴스룸' 등의 단어를 전면에 내걸며 일련의 변신을 시도한다. 보통은 이런 과정을 '디지털 혁신'이라고 표현하지만, 대한민국 언론의 상황에서는 '혁신'이라는 단어 자체가 지닌 본래적 함의와는 좀 적절해 보이지 않는 경우도 많이 보인다. 구호 또는 이름만 바뀌었을 뿐 실질적인 변화가 눈에 띄지 않는 경우도 목격되기 때문이다.

디지털 부문에 대한 접근 방식은 앞서 언급했듯이 크게 두 가지로 나뉜다. 이 같은 상황은 국내뿐만 아니라 해외에서도 크게 다르지 않다. 언론사에서 디지털 부문에 대한 접근 방식은 이 부문을 기존 보도 부문 안에 둘 것이냐, 아니면 보도 부문과 분리해 운영할 것이냐의 고민에서 시작된다. 이 상황에서 대표적으로 언급되는 것은 BBC와 ≪뉴욕타임스≫다. BBC는 기존 보도국이 디지털 부문을 흡수한 형식인 반면, ≪뉴욕타임스≫는 편집국과 디지털 부문이 완벽하게 분리돼 있다. 단순히 조직의 분리에서 한발 더 나아가 아예 디지털 부문을 담당하는 '뉴욕타임스 디지털'이 별도 법인으로 존재한다.

한국 상황을 보면, 통합 뉴스룸을 선언한 KBS와 SBS, ≪중앙일보≫ 등이 BBC 모델에 가깝다. 대부분 디지털 부문을 기존 보도 부문으로 흡수해 인력을 총괄 운영하는 방식이다. 반면 YTN의 경우는 ≪뉴욕타임스≫ 모델과 거의 동일하다. YTN이 YTN PLUS라는 법인을 설립해 디지털 부문을 운영하고, YTN 보도국의 기자가 YTN PLUS에서 디지털뉴스팀장으로 실무를 지휘한다. ≪뉴욕타임스≫ 역시 편집국 기자가 뉴욕타임스 디지털로 파견을 나가 편집국과 디지털 부문의 링키지 역할을 수행한다고 하니 YTN은 '어쩌다 보니' ≪뉴욕타임스≫ 모델과 흡사하게 돼버린 셈이다. (개인적으로 사실 확인을 한 것은 아니지만 뉴욕타임스 디지털의 디지털뉴스팀장이 ≪뉴욕타임스≫ 편집국의 10년차 기자라고 하니 사실상 YTN과 ≪뉴욕타임스≫는 동일한 모델로 볼 수 있겠다.)

그렇다면 궁금증이 생긴다. 어떤 모델이 더 효율적일까? 각각의 장단점을 어떻게 조율하는지가 효율성을 판가름하는 주요 기준이 될 것이다. 먼저, BBC 모델의 경우에는 총괄 지휘가 수월하다. 국내의 경우 SBS의 상황을 보면, SBS는 지난 2016년 8월 보도본부를 보도국과 보도제작국, 뉴미디어국으로 기구 개편을 단행했다. 보도 본부 밖에 존재하던 뉴미디어실을 아예 보도 본부에 속하는 하나의 국으로 만든 셈이다. 이런 시스템에서는 보도 본부장이 키를 잡아 보도 부문과 디지털 부문의 조율이 상대적으로 쉽다. 예를 들어, 어떤 아이템을 온에어와 온라인 가운데 어디에 먼저 내보낼 것이냐는 논쟁이 생겼을 때 교통정리를 하기 쉽고, 디지털 퍼스트나 모바일 퍼스트 같은 구호에 맞춰 방향성을 공유하기도 수월하다. 물론 단점도 존재한다. 기계적으로 보도 본부안에 디지털 부문을 흡수할 수 있고 디지털 퍼스트 구호를 내걸수는 있지만, 구성원들의 공감대를 사지 못한다면 아무런 시너지를 기대할 수 없다. 기구 개편만 디지털 퍼스트이지, 공감대가 공유되지 않으면 그 나물의 그 밥, 그러니까 기존의 체제와 다른 어던 것을 기대하기 힘들기 때문이다. 이건 단순한 우려가 아니라 실제로 일부 언론사에서 목격되는 현실이다.

반면, YTN이나 ≪뉴욕타임스≫ 모델의 경우에는 기존 보도 부문의 공감대와 상관없이 목표만 설정되면 디지털 부문의 노력만으로 일정 부분의 성공을 담보할 수 있다. 쉽게 말해 기자들이 개입하지 않는 구조에서 디지털 부문의 전문가들이 IT 기업의 특성을 살려가며 성취도를 올릴 수 있다는 의미다. 최근 YTN이 거둔 디지털 부문의 성취를 놓고도 여러 분석이 가능하다. 이에 대해 나는 보도국과 완벽히 분리된 시스템의 역할이 매우 컸다고 판단한다. YTN이 페이스북이나 카카오 채널 등에서 올리고 있는 압도적인 성과는 기자들의 개입이 없는 상태에서 디지털 분야의 에디터와 제작 피디의 자발성과 노력, 디지털적 감각을 통해 이뤄진 성취라고 보는 것이다.

물론 이 모델 역시 단점이 존재한다. 보도 부문과의 갈등이다. 보도 부문과 디지털 부문을 체계적으로 총괄할 수 있는 여지가 BBC 모델보다 약하다 보니, 어떤 문제가 생겼을 때 봉합하는 과정이 상당히 복잡하다. 예를 들어, 아주 '이야기되는' 사건·사고 제보 영상이 접수됐을 경우를 보자. 이 경우 디지털 부문은 통상 페이스북에 속도감 있게 올려서 모바일 이용자에게 공급하기를 원한다. 하지만 보도국에서는 보도의 중추인 온에어에서 먼저 다루기를 원한다. 이럴 경우 보통은 온에어에 양보를 하지만, 방송이 될 때까지 빨라도 반나절, 길면 하루 이틀이 걸리기 때문에 디지털 부문은 명품을 손에 쥐고도 장사를 하지 못하는 상황을 눈만 뜬 채 바라봐야 하는 상황을 겪어야 한다.

아직까지는 정답은 없는 것 같다. BBC 모델처럼 통합 뉴스룸으로 가는 것이 정답인지, 아니면 YTN이나 《뉴욕타임스》처럼 별도 부문으로 가는 것이 정답인지 쉽게 단언하기는 어려워 보인다. 아이러니하게도 국내 대부분의 언론사가 통합 뉴스룸을 기치로 내걸고 있지만, 별도 부문으로 분리된 YTN만큼 페이스북이나 카카오 채널 등에서 성과를 내지 못하는 점은 시사하는 바가 크다. 물론 YTN 역시 장기적으로는 통합 뉴스룸에 대한 논의를 본격화할 수도 있다 빠른 속두로 커지고 있는 모비일 뉴스 시상이 더욱 확대될수록 보도 부문과 디지털 부문의 역할이 동등해질 가능성이 높기 때문이다. 하지만 그 시기를 점치는 것 자체가 지금의 상황에서는 어렵기 때문에 디지털 부문 실무자들은 고민을 이어갈 수밖에 없다. 과연 정답은 어디에 있는 것일까. 지금의 모바일 터닝시대에 모바일 패러다임은 또 어떻게 흘러갈 것인가. 확실하고 분명한 것은 옷을 갈아입는다고 그 사람의 본질에 변화가 생기지는 않는다는 점이다.

In-Depth Summary

—

1. 주요 언론사들의 디지털 부문 대응 상황

❶ YTN

YTN은 별도의 법인이라서 그런지 표면적으로는 조용하다. 페이스북이나 카카오 채널 등에서 일정 부분 성과를 내고 있는 만큼 YTN 보도 본부 차원에서 별도의 기구 구성을 위한 논의가 본격화되지는 않는 모습이다. 하지만 '타사가 중요하다고 생각하는' 디지털 부문을 언제까지 독립된 조직으로 둘 것인지에 대해서는 의견이 분분하다. 누군가는 보도국 개입 없이 독자적으로 일을 하기 때문에 디지털 부문의 성과를 견인할 수 있었던 것이라고 평가하는 반면, 누군가는 지분 문제부터 해결해 온에어와 온라인에 대한 통합 작업을 본격화해야 한다고 주장한다. YTN의 디지털 부문을 담당하는 YTN PLUS는 지난 2003년 YTN과 네이버가 공동으로 출자해 세운 합작회사인데, 지금처럼 분리 형식으로 갈지 또는 보도 본부 안에 점진적으로 통합할지의 여부는 디지털 혁신의 과정과 결과에 따라 방향성이 정해질 것으로 전망된다.

❷ SBS

뉴스 유통에서 디지털 혁신의 선두 그룹으로 꼽히는 SBS는 기존의 보도 본부를 3국 체제로 개편했다. 보도 본부를 보도국과 뉴스제작국, 뉴미디어국으로 개편해 디지털 시대의 대응을 위한 체제 개편을 시도한 것이다. 가장 눈에 띄는 부분은 역시나 뉴미디어국의 신설이다. 기존 보도 본부 안에 디지털 부문을 '국' 단위로 편입하면서 보도국에 있는 20명에 달하는 기자들이 뉴미디어국에 배치됐다. 인턴과 그래픽 담당자 등 제작 인력을 모두 합하면 100명에 육박하는 대규모 조직이 생긴 셈이다. 하지만 뉴미디어국의 신설이 조직원 모두에게 반가운 소식은 아니다. 당장 보도국에서는 현장에서 한창 뛰어야 할 젊은 기자들이 대거 뉴미디어국으로 이동하면서, 야근과 주말 근무는 누가 하느냐며 반발 심리도 만만찮은 모습이다.

❸ ≪중앙일보≫

신문사로서는 ≪중앙일보≫가 혁신의 깃발을 가장 먼저 꼽았다. 사실 속도 면에서 보면 ≪중앙일보≫가 SBS보다 한발 빨랐다. ≪중앙일보≫는 이석우 전 카카오 대표를 디지털 전략 부문 담당으로 영입한 뒤 디지털 혁신 작업에 속도를 내기 시작했는데, 조직 전체를 디지털 퍼스트에 맞춰 통합하는 직업에 본격적으로 나선 모습이다. 편집국 회의에서 기존의 정치부, 경제부, 사회부의 발제에 앞서 디지털 부문 담당자가 우선 발제를 한다고 하니 오너십의 의지가 얼마나 확고하게 작용하고 있는지 가늠할 수 있는 부분이다. 더욱이, 신문 지면에 실리는 기사보다 인터넷과 모바일 기사를 우선으로 한다고 하니 ≪중앙일보≫의 혁신 속도와 방향성 설정은 국내 언론사 가운데 가장 빠른 느낌이다.

다만, 각종 계열사 기자들까지 하나의 출구로 모이는 데다 24시간 풀타임 체제를 도입하는 것 등과 관련해 내부에서는 디지털 혁신을 위한 공감대 형성이 부족한 것 아니냐는 비판의 목소리도 들린다.

특히 2017년에 접어들면서 인력 대부분을 모바일에 집중시키는 전략적 접근을 강도 높게 추진하고 있다. 내부적으로는 지면 제작에는 차장급 기자 일부만 남기고, 다른 기자들은 모두 모바일 기사 제작에 투입하는 방안이 논의되고 있는 것으로 전해진다. 이 실험이 실질적인 성과를 이룬다면 국내에서 가장 의미 있는 디지털 혁신의 결과가 될 것이다.

❹ KBS

KBS도 TF팀을 꾸리고 본격적으로 기구 개편 작업 결과물을 내놓았다. 방향성은 ≪중앙일보≫와 비슷한 모습이다. 현장의 주니어 취재기자는 취재를 하고 방송용 리포트를 제작하는 대신 인터넷용 기사를 송고한다. 9시 뉴스로 대표되는 방송용 제작물은 회사 안에서 근무하는 시니어 기자들이 담당한다. 현장기자에게 방송의 부담을 줄여주고 디지털 퍼스트에 한 발 더 나아가기 위한 조치인데, 일각에서는 방송 리포트를 시니어들이 통제하려는 시도 아니냐는 우려의 목소리도 들린다. 특히, 내부 구성원들 사이에서는 9시 뉴스를 너무 무시하는 결정 아니냐는 반발의 움직임도 이어졌다.

2. 디지털 부문, 독립? or 통합?

이처럼 국내 언론사들의 디지털 부문 시스템은 크게 분리형과 통합형으로 나눌 수 있다. 디지털 부문을 보도국 내부에 둘 것인지 외부에 독립적으로 둘 것인지는 언론사의 지배 구조에 따라 상당히 다른 모습을 나타낸다. 여기서는 분리형과 통합형이 가지는 특성을 좀 더 자세히 살펴본다.

❶ 분리형

YTN의 온라인 파트는 국내 언론사 가운데 유일하게 보도국에서 독립된 시스템이다. 앞서 언급했듯이, 단순히 분리돼 있는 것이 아니라 아예 별도의 법인이 존재한다. 국내 거의 모든 언론사의 온라인 담당 부문이 편집국이나 보도국에 소속돼 있고, 분리돼 있더라도 실·국 차원의 분리이지 별도 법인이 담당하는 경우는 없다. 이런 면에서 YTN과 YTN PLUS로 양분된 YTN의 온에어, 온라인 체계는 국내는 물론 전 세계적으로도 방송사로서는 유례없는 시스템이다. 미국 ≪뉴욕타임스≫ 디지털 부문을 담당하는 뉴욕타임스 디지털이 별도 법인으로 분리돼 있는 것과 유사한 시스템이지만, ≪뉴욕타임스≫가 전통적인 신문사였다는 점에서 조금은 차이가 있다. 디지털·모바일 대응 전략의 결정 시스템이 기존 보도국과 편집국의 시스템에 포함돼 있었다면 YTN 역시 모바일 대응에 적극적이고 신속하지 못했을 것이다.

별도의 법인이 설립돼 온라인 분야를 전담하다 보니 YTN의 온라인 부문은 보도국의 보도 시스템에서는 완벽히 벗어나 있다. 의사소통 방식 역시 기존 언론사에서 나타나는 수직 구조보다는 ICT 기업의 수평적인 구조로 형성되어 있다.

특히, 기자 중심의 조직이 아닌 에디터와 모바일 콘텐츠 제작자 중심의 조직이라는 점이 다른 방송국과 가장 큰 차이점 가운데 하나다. 이는 수평적 의사소통 구조의 기본 토대다. 대부분의 방송사는 디지털 부문을 기자 중심으로 운영한다. 이렇다 보니 디지털 부문 역시 자연스럽게 기자 문화가 자리 잡게 되고, 기존 부두국이 연장선에서 온라인 대응을 하는 경우가 많다. 온라인 부문은 기본 특성 자체가 온에어와 다르다. 이 때문에 온라인 대응을 온에어 대응의 연장선에서 한다는 것은 이미 발전 가능성에 제약이 따를 수밖에 없다.

기자들이 주도해 인턴들을 활용하는 다른 방송사들과 달리 YTN PLUS는 거의 대부분 정규직 직원들로 꾸려졌다는 점도 큰 차이점이다. YTN PLUS 디지털뉴스팀은 팀장만 YTN 기자이고 나머지 팀원의 95%는 정규직 직원들이다. 신입직원은 일단은 인턴 신분으로 입사하지만, 일정 기간이 지나면 모두 정규직 직원으로 전환되어 일하게 된다. 특정 기간이 지나면 교체되는 인턴 시스템이 가지는 한계점을 YTN PLUS는 정공법을 통해 정면 돌파하는 셈이다. YTN이 페이스북을 중심으로 한 모바일 대응의 성과를 기복 없이 꾸준히 키워가고 선두를 유지하고 있는 것은 실무자를 인턴으로 활용하는 시스템을 과감히 배척한 것에서 시작됐다고 평가한다.

❷ 통합형

디지털 부문이 별도 법인으로 분리돼 있는 것은 YTN의 디지털 성공 사례의 대표적인 요인이다. 초기 디지털 혁신 대응에서 분리된 디지털 부문은 나름의 효용성을 나타냈다. 하지만 이후 시장의 경쟁이 치열해지고 기존의 오프라인 부문과의 협업을 동한 시너지가 중요하게 디뤄지기 시작하면서 디지털 부문에 대한 흡수 작업이 대부분의 언론사에서 아주 빠른 속도로 진행 중인 상황이다.

가장 속도감 있게 대응하는 신문사는 ≪중앙일보≫, 방송사는 SBS다. 먼저 ≪중앙일보≫는 '디지털 퍼스트'를 전면에 내세우며 편집국 디지털화를 위한 가속도를 높이는 모습이다. 신문 지면 제작 중심으로 운영됐던 조직 운영의 큰 틀에 대대적인 변화를 가한 셈이다. 특히, 상당한 품을 들인 네이티브 광고Native AD 제작에 적극적으로 뛰어들면서 디지털·모바일 시대에 걸맞은 세부 전략을 선보이고 있다.

'스브스 뉴스'로 대표되는 SBS 역시 뉴미디어 시대를 겨냥한 조직 개편을 단행했다. 기존에 보도 본부 밖에 존재하던 뉴미디어실을 뉴미디어국으로 개편해 보도 본부 안에 편입한 것이 가장 눈에 띄는 변화였다. 뉴미디어 전략에 적극적으로 뛰어들겠다는 의미를 표명한 것으로 시장에서는 해석됐다.

이처럼 디지털 부문이 보도 부문으로 편입될 경우 가장 큰 장점은 중·장기적 디지털 전략을 짜고 수행하기가 훨씬 수월하다는 것이다. YTN처럼 디지털 부문이 별도의 법인으로 존재할 경우, 보도국의 관심 밖에서 나름의 특성을 살려 적극적인 뉴미디어 대응으로 초기에 시장 선점을 차지하는 데는 효율적일 수 있다. 하지만 기존 보도 부문과 아예 떼어놓고 디지털 부문의 전략을 짜기에는 언제든 당면할 수밖에 없는 한계점이 있다. 스내커블 콘텐츠처럼 SNS 이용자를 겨냥한 아이템을 통해 당장의 SNS 전략이 성과를 낼 수는 있지만 저널리즘의 본령을 따르기에는 한계가 있기 때문이다. 아무리 디지털 부문에서 적극적으로 대응하더라도 현장 취재와 심층 보도는 보도국의 영역이기 때문에 반쪽짜리 대응밖에 할 수 없다는 의미다. YTN 역시 보도 부문에서는 최근 20년 동안 그래왔듯이 온에어에 특화된 현장 제작물과 심층 제작물을 만들고 있는데, 이 같은 제작물은 온라인에서는 기대 이상의 효과를 내지 못하는 것이 한계점이다. 보도국과 디지털 부문이 따로 놀다 보니 양자의 시너지 효과까지는 기대하기 어렵다는 것이다.

≪중앙일보≫처럼 편집국 기자들이 온라인에 우선적으로 기사를 송고하고 이를 바탕으로 지면을 만들다 보면, 편집국 기자들의 발생 기사와 심층 기사는 온라인에 우선적으로 대응하게 되고 자연스럽게 지면과 온라인의 선순환을 기대할 수 있다. 또, SBS의 경우 20명에 가까운 기자들이 뉴미디어국에 소속돼, 스내커블 콘텐츠부터 데이터저널리즘 기반의 심층 콘텐츠까지 제작하면서 상당히 깊이 있는 제작물을 이용해 온라인 대응에 나서고 있다. 디지털 부문 실무 부서에 보도국 기자가 단 1명뿐인 YTN의 체제와 비교하면 상당히 큰 차이점이다.

물론, 통합 뉴스룸이나 보도 본부에 소속됐다는 것이 무조건적으로 좋기만 한 것은 아니다. 디지털 퍼스트를 내건 일부 언론사의 경우 디지털에 대한 기존 부두국이나 편집국이 이해도 부족으로 업무의 비효율성을 지적하고, 보도 부문과 온라인 부문을 모두 포괄하는 것에 대한 부담을 호소하며 조직원들이 이직하는 경우도 포착되기 때문이다. 이 같은 상황에 대해서는 디지털·모바일 혁신에 대한 조직원의 공감대가 부족한 상황에서 조직의 목표가 지나치게 강하게 설정됐기 때문이라는 분석이 나오는데, 이에 대해 대체로 공감하는 바다.

디지털 부문이 보도 부문에 편입되는 것과 별도 부문으로 가는 것 가운데 어느 것이 더 효율적인지는 아직 단언하기 어렵다. 다만 확실한 것은 디지털 혁신에 대한 조직의 목표 설정과 구성원의 공감대가 접점을 찾는 상황을 만들어 보도 부문과 디지털 부문의 통합 시너지를 노려야 한다는 것이다.

: 모바일 터닝시대,
뉴스도 '터닝 중' ❶

글로벌 플랫폼에서 일하는 친구에게 문자 메시지가 왔다. '너희 회사 페이스북에서 대통령 담화 생중계해?' '아니, 안 해.' '그럼 다른 채널로 봐야겠다. 너희 회사도 페이스북에서 본방송 생중계 같이 해봐. 미국에서는 반응 좋아.' '그래, 생각해볼게.' 친구 녀석은 마지막에 한마디를 덧붙였다. '내 자리에서 TV가 잘 안 보여서 난 중요 뉴스 생중계는 페이스북으로 본다. 참고해.' 뭔가 한 대 얻어맞은 느낌이었다. '내가 왜 잊고 있었지? 본방송 내용을 페이스북 라이브에서 똑같이 내보낼 수 있다는 것을.'

페이스북은 라이브 기능을 강화하면서 방송사가 TV를 통해 내보내는 화면을 똑같이 페이스북을 통해 제공할 수 있는 기능을 마련해놨다. 그걸 처음 전해 들었던 것이 지난 2016년 여름 무렵이었는데 까마득히 잊고 있었다. '이런 것도 팀장이랍시고 일하는구나' 하고 자책했다. 궁금했다. 페이스북으로 생중계되는 중요 이슈에 대한 이용자들의 반응은 어떨까. 담화를 방송과 페이스북에서 동시 생중계하는 경쟁사 페이스북 페이지를 찾아 들어가서 봤다. 입이 딱 벌어졌다. 무려 2만 4천 명이 페이스북을 통해서 대통령 담화 생중계를 보고 있었다. 페이스북에서는 우리가 독보적인 선두를 유지하고 있다는 생각에 경종이 울렸다. '좀 더 긴장해야겠구나.'

이런 현실을 보면 확실히 스마트폰의 위력은 대단하다. 스마트폰이 처음 국내에 보급됐던 2010년 전후 한 자릿수에 머물렀던 스마트폰 보유율은 2016년에 들어 80%를 넘어섰다. 우리나라 TV 매체 보유율이 한 자릿수에서 90%대까지 도달하는 데 50년 넘게 걸렸다는 점을 고려하면, 스마트폰 보유율은 놀라울 정도로 빠른 셈이다. 이렇다 보니, 하나의 현상으로 비춰졌던 것이 지금은 하나의 문화로 정착한 모습을 보이고 있다. 스마트폰 없는 환경, 스마트폰 없는 하루를 생각해보면 이 부분은 분명한 느낌으로 인식할 수 있다.

뉴스를 소비하는 양식 역시 모바일 터닝 시대에 걸맞게 변했고, 뉴스 유통의 영향력 면에서도 기존의 온에어와 온라인의 균형점이 다시 설정되고 있다. 국내외 언론사에서 온라인과 디지털 부문은 대체로 보도국과 편집국을 보조하는 서브 플랫폼으로 인식돼왔다. 1~2년 전까지만 해도 오프라인에서 만들어진 기사 등의 제작물을 유통할 수 있는 또 하나의 창구 정도로 역할을 해왔던 것이 현실이다. 말 그대로 신문이나 방송의 서브 플랫폼 역할에 그쳤던 것이다.

하지만 전통 플랫폼을 통해 뉴스를 소비하는 비율이 현저히 줄어들고 SNS 플랫폼이 새로운 유통 창구로 급부상하면서 상황은 크게 달라졌다. 사람들은 더 이상 뉴스를 소비하기 위해 신문이나 방송에만 의존하지 않는다. 뉴스 소비를 위해 굳이 신문이 배달될 때까지 기다릴 필요가 없고, 하루의 소식을 정리하기 위해 9시 뉴스를 기다릴 필요도 없다. 각종 온라인 플랫폼을 통해 언제든 뉴스를 소비할 수 있는 환경이 이미 일상이 됐기 때문이다. 사람들이 뉴스를 찾는 시대가 아니라, 뉴스가 나를 찾아오는 시대라는 의미다. "중요한 뉴스라면 뉴스가 나를 찾아올 것이다"라는 말은 모바일 뉴스 혁신을 상징하는 하나의 문장으로 굳어졌다. 이제 모바일과 온라인 플랫폼에 대해 서브 플랫폼이 아니라 어나더 플랫폼another platform이라고 말할 수 있는 배경이기도 하다.

전통 매체의 고전과 맞물리며 더욱 커진 모바일의 파급력

모바일 플랫폼이 각광을 받는 이유는 무엇보다 그 자체의 파급력에 기인한다. 방송사 기자가 제작한 리포트가 방송에 몇 번 나가면 사실상 뉴스 소비가 마무리되는 반면에 온라인, 특히 모바일에서의 기사 소비 파급력은 차원이 다르기 때문이다. 하룻밤에 수백만 명에게 전달되는 유통 구조를 체험해본 사람이라면 이 파급력의 의미를 쉽게 이해할 수 있을 것이다.

하지만 이 같은 모바일 플랫폼의 특성, 파급력과 더불어 모바일 플랫폼을 디지털 혁신의 핵심으로 다루는 것은 전통 매체의 쇠락에 근거한다. YTN의 경우에도 YTN 브랜드의 가장 큰 중추이자 핵심인 온에어는 시청률 경쟁에서 고전을 면치 못하고 있다. 신문사의 경우 이 같은 절박함이 더욱 큰 모습이다. 신문 구독률이 떨어지고 신문에 대한 소비 자체가 뉴스 소비에 큰 의미를 부여하지 못하기 때문이다. 미국에서 ≪뉴욕타임스≫가 ICT 기업으로의 변화를 선언하고, 한국에서는 ≪중앙일보≫가 디지털 퍼스트를 내걸며 조직을 개편하는 것도 다 이런 추세에 기인한 발빠른 대응으로 볼 수 있다.

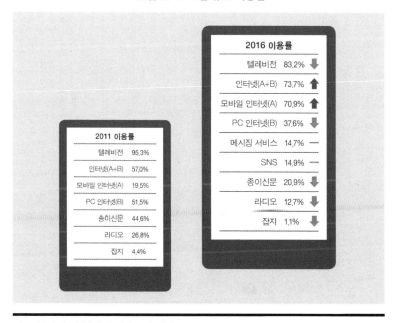

〈그림 3〉 2016년 뉴스 이용률

자료: 2016년 언론수용자 의식 조사 결과.

 텔레비전으로 뉴스를 소비하는 시대는 정말 지나간 것일까? 방송사 기자로 일하는 입장에서는 분명 달갑게 느껴지지 않는 부분이다. 하지만 이미 진행되는 현실을 외면할 수도 없는 노릇이다. 「2016년 언론수용자 의식 조사 결과」를 보면, 텔레비전을 통한 뉴스 이용률은 꾸준한 하락세를 보이는 반면, 스마트폰을 중심으로 한 이동형 매체를 통한 뉴스 이용은 가파른 상승세를 타고 있다는 점을 확인할 수 있다(〈그림 3〉). 특히 5년 전과 비교해 모바일 뉴스 이용률은 두드러지게 상승한 반면, 나머지는 모두 하락한 것으로 나타났다. 모바일 터닝시대의 변화 추이를 확인할 수 있는 지표인 셈이다.

무엇보다 앞서 설명한 것처럼 디지털 부문을 기존 전통 매체의 서브 플랫폼으로 보기에는 그 파급력이 막강하다. 특히 모바일 플랫폼에서 성공적으로 유통된 아이템은 온에어 플랫폼에서 활용되고 온라인의 아이템이 온에어를 오가며 크로스 플랫폼으로서의 역할도 해내기 때문에 더 이상 하위 개념으로 평가하기는 어렵다.

: 모바일 터닝시대,
뉴스도 '터닝 중' ❷

기자들은 보통 출근하면 가장 먼저 하는 일이 조간신문을 보는 것이다. 주요 일간지 예닐곱 개를 출입처 기사 위주로 보고 전반적인 정치·경제·사회 부문의 중요 기사를 읽는 것이 핵심이다. 나 역시 일과의 시작은 신문 읽기다. 물론 2010년 무렵 신문을 스크랩해주는 프로그램이 등장한 이후부터는 종이신문보다는 노트북 모니터 화면으로 신문을 보는 경우가 많다. 신문스크랩 프로그램은 사용료가 비싸서 나를 포함한 일부(?) 기자들의 경우 관공서나 기업체에서 일하는 지인의 아이디를 빌려 보는 경우도 종종 있다.

언제인지 정확히 기억은 안 나는데, 일부 포털 사이트에서 조간신문에 실린 전체 기사를 따로 분류해서 올려주는 서비스가 생겼다. 이건 완전 무료다. 각 기사들을 신문사별로 볼지, 이슈별로 볼지도 선택이 가능하다. 굳이 신문을 돈 주고 사서 보지 않아도 얼마든지 대한민국에서 생산되는 기사들을 소비할 수 있는 구조가 이미 현실화된 셈이다. 신문뿐만 아니라 방송 기사 역시 포털 사이트에서 확인할 수 있는 만큼 포털 사이트는 대한민국 모든 언론사의 가장 중요한 유통 플랫폼 가운데 하나가 됐다.

2013년 이후 페이스북 같은 모바일 플랫폼 사용자가 급격히 늘면서부터 뉴스 소비의 방식이 하나 더해졌다. 페이스북은 자체 알고리즘을 통해 '내가 좋아할지도 모르는' 뉴스를 내 피드에 띄워준다. 말 그대로 '중요한 뉴스가 있다면 나를 찾아오는 시스템'이 구축된 것이다.

신문과 방송, 포털 사이트 그리고 SNS 플랫폼까지 각종 플랫폼을 통한 뉴스 소비의 변화가 어떻게 이뤄지는지는, 신문과 방송이 저물고 SNS를 통한 소비가 급증하는 것을 보아도 상식적인 선에서 인식할 수 있다. 그런데 막상 이를 보여주는 통계를 보면 이같은 현실이 상당히 가속도를 받아 변하고 있다는 점을 확인할 수 있다.

한국언론재단이 매해 발행하는 「언론수용자 의식 조사 결과」를 보면 사람들이 어떤 미디어 플랫폼을 어떻게 의존하는지를 확인할 수 있다. 〈그림 4〉는 정치적·경제적·사회적 현안에 대한 정보를 얻고 가치판단을 할 때 어떤 미디어를 이용하는지에 대한 질문에 답한 비율이다.

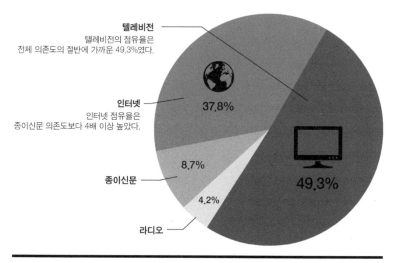

〈그림 4〉 2016년 미디어 의존도 점유율

텔레비전
텔레비전의 점유율은
전체 의존도의 절반에 가까운 49.3%였다.

인터넷
인터넷 점유율은
종이신문 의존도보다 4배 이상 높았다.

37.8%

8.7%

종이신문

4.2%

49.3%

라디오

자료: 2016 언론수용자 의식 조사 결과.

2016년 한국인의 절반 가까이는 텔레비전에 의존했고, 인터넷은 40% 정도, 종이신문은 10%에 미치지 못했다. 2016년의 결과만 놓고 보면, 텔레비전의 위상이 아직 건재하다고 판단할 수 있다. 하지만 최근의 추이와 비교해보면 그 실상을 좀 더 명확히 파악할 수 있다.

2015년과 2016년의 추이를 보면 텔레비전, 종이신문, 라디오 모두 의존도가 줄어든 반면, 인터넷만 상승한 점을 확인할 수 있다(〈그림 5〉). 기존 4대 미디어에서 인터넷을 모바일과 PC로 구분해보면 그 추이는 한층 더 분명해진다(〈그림 6〉). 전년 대비 증가한 것은 모바일과 PC밖에 없는데, 증가 비율은 모바일을 통한 의존

〈그림 5〉 4대 미디어별 여론 의존도 점유율 추이(%)

● 텔레비전　　● 인터넷*　　● 종이신문　　● 라디오

2015년	54.2	32.7	10.1 2.9
2016년	49.3	37.8	8.7 4.2

*인터넷 점유율: PC 인터넷, 모바일 인터넷, 소셜 미디어 응답자 중 중복을 제외한 비율.
자료: 2016 언론수용자 의식 조사 결과.

도가 가장 높은 것으로 확인된다. 모바일 터닝시대로의 진입과 그 속도가 빨라진다는 점은 통계 수치로도 확인할 수 있는 부분이다.

　모바일 터닝시대의 가속도를 짐작할 수 있는 또 다른 부분은 언론사 디지털 부문의 수익 증가의 정도다. 언론사의 정확한 수익은 대외비 정보에 해당하기 때문에 구체적으로 언급할 수 없다. 다만 확실한 것은 모바일 부문의 수익이 해마다 늘고 있다는 점이다. 그것도 산술급수적으로 느는 것이 아니라 기하급수적인 증가에 가깝다. 예를 들어 페이스북의 인스턴트 아티클만 하더라도 수익이 들어오지 않던 곳에서 매달 수천만 원씩 수익이 발생하고 있다. 이는 연간으로 따지면 수억 대 규모에 달한다. 여기서 중요한 점은 '그동안 발생하지 않았던 부문에서 수익이 생긴다는 것'이다. 그래서 언론사 디지털 부문의 관리는 해당 언론사의 미

<그림 6> 6대 미디어별 여론 의존도 점유율 추이(%)

● 텔레비전　● 모바일　● PC　● 종이신문　● 라디오　● 소셜미디어

2015년	47.8	25.4	12.2	8.9	3.1	2.6
2016년	42.5	29.8	13.1	7.5	3.6	3.5

자료: 2016 언론수용자 의식 조사 결과.

래 전략의 관점에서 다뤄져야 한다. 지면으로 신문을 보는 사람과, 텔레비전으로 뉴스를 보는 사람이 줄어들기 때문이다. 그래도 아직까지 방송 의존도가 전체의 절반 비율을 유지하고 있다. 하지만 해마다 줄고 있다는 점이 중요하다. 언제 어떻게 비율이 변할지는 알 수 없지만, 줄어들고 있다는 방향성이 갑자기 바뀌지 않을 가능성은 매우 높기 때문이다.

　그래서 디지털 부문에 대한 관리는 방송의 온에어나 신문의 지면에 대한 관리와 같은 기준에서 다뤄져야 한다. 다시 말해, 보도 체계의 주축으로 다뤄져야 한다는 것이다. 여러 유통 플랫폼 가운데 핵심 주축으로 성장하고 있기 때문이다. 그래서 뉴미디어국 또는 디지털센터 등으로 불리는 온라인 모바일 담당 부문은 보도 부문과 유기적으로 연계돼야 한다. 그렇지 않으면 미래 전략적으로 실패한 모델이 될 가능성이 높다. 기존 플랫폼의 한계는 이미 증명됐기 때문이다. 이 같은 부문을 주요 방점으로 놓고 고민하는 언론사는 그리 많지 않아 보인다. 안타깝게도 YTN 역시 크게 다르지 않다. 모바일 터닝시대에 노정해야 할 언론의 방향성을 진지하게 고려해야 할 시기다. 더 늦으면 더 힘들어질 수밖에 없다. 다행히, 아직은 늦지 않았다.

: 모바일 터닝시대를 역행하는 속보 경쟁

법조팀 현장책임자의 가장 중요한 일 가운데 하나는 속보 처리다. 검찰과 법원 등 법조 출입처에서 속보성 뉴스가 나오면 단 한 문장이라도 속보로 처리해야 한다. 내가 속보 기사를 한 줄이든 두 줄이든 써서 기사를 승인하면, 뉴스의 중요도에 따라 다르지만 빠르면 30초 뒤에 방송 자막으로 노출된다. 눈에 잘 들어오는 큼지막한 빨간색 자막이 우리 채널의 화면 하단을 덮는 것이다.

속보는 단순히 온에어만을 위한 것은 아니다. 내가 기사를 승인할 때 조건을 설정하면 YTN 애플리케이션을 통한 속보 송출도 가능하다. 시스템적으로 YTN의 온에어와 모바일의 속보 시스템이 하나로 맞물려 있는 셈이다.

물론 속보 경쟁은 모바일보다 온에어에서 훨씬 강하게 벌어진다. 모바일은 뭐든 순식간이다. 내가 어떤 기사를 페이스북에 1분 일찍 올리든 유튜브에 10분 늦게 올리든 크게 중요하지 않다. 각종 큐레이션 미디어를 통해 내가 쓴 기사와 비슷한 내용의 기사들이 이미 우후죽순으로 퍼져 있을 가능성이 높다. 모바일 세상의 네트워킹이 그만큼 튼실하기 때문에 모바일 세상에서의 속보 경쟁은 상대적으로 덜하다.

문제는 온에어다. 방송사들의 속보 경쟁은 시간이 갈수록 치열해지고 있다. 특히 종합편성채널이 등장하면서 뉴스채널과 종편의 속보 경쟁은 과하다 싶을 정도로 지나치다. 방송사들의 속보 경쟁이 워낙 세다 보니 회사에서 뉴스를 편집하는 인력들은 모니터 8개 정도를 통해 실시간으로 타사의 상황을 주시한다. 다른 뉴스채널에서 시뻘건 한 줄 속보가 뜨는데 우리 기사는 없을 경우에 현장의 취재 인력들은 피곤한 상황에 처하게 된다. '왜 타사보다 속보 처리가 늦냐'는 핀잔이 이어지기 때문이다.

속보 경쟁이 치열하다 보니 속보의 경중 또한 제대로 걸러지지 못하는 경우가 많다. 오늘의 가장 중요한 뉴스가 '21년 만에 이뤄진 전직 대통령에 대한 구치소 방문 조사'라고 하자. 이 뉴스의 가치를 판단하는 데 가장 중요한 것은 박근혜 전 대통령이 수감된 서울구치소로 검찰이 방문해 조사를 한다는 것, 이렇게 전직 대통령을 대상으로 방문 조사를 하는 것이 21년 만이라는 점 등이다. 이는 중요한 사실이다. 이 정도는 충분히 속보로 처리할 수 있다. 이런 식이다. '검찰, 오늘 박 전 대통령 구치소 방문 조사', '전직 대통령 구치소 방문 조사 21년 만에 처음' 같은 자막이 속보로 처리된다.

그런데 치열한 경쟁 속에서 속보의 경중이 혼동된다. 뉴스 가치가 상대적으로 떨어지는 사실들이 무분별하게 속보성 뉴스로 둔갑하는 것이다. 예를 들어, 검찰이 구치소 방문 조사를 할 때,

박 진 내봉령 지지자들과의 충돌을 우려해 구체적인 구치소 조사 시작 시간을 공개하지 않았다. 충분히 일리 있게 들렸다. 그런데 난데없이 속보 자막이 한 줄 뜬다. '검찰, 오전 11시 반에 구치소 도착.' 나중에 알고 봤더니 회사 내근자들이 취재해서 올린 속보였다. 검찰기자실은 난리가 났다. '왜 검찰이 일부러 공개하지 않은 것을 속보로 날리냐', '그게 그렇게 중요한 팩트냐' 등의 비판이 일었다.

맞는 말이다. 중요하지 않다. 아니, 중요할 수는 있지만 해당 뉴스의 본질을 드러내는 속보성 뉴스는 아니라고 판단한다. 그런데 이런 사례가 한두 개가 아니다. 하루에도 몇 번씩 비슷한 상황이 반복된다. 무리한 속보 경쟁은 때로는 사고도 불러일으킨다.

지난 4월 우병우 전 수석에 대한 영장 심사가 진행 중일 때였다. 통상 영장 심사 결과는 엠바고 사안이다. 법원이 공식적으로 결과를 공지하기 전까지 보도해서는 안 된다. 불필요한 취재 경쟁을 막기 위해서 오래전부터 유지돼온 법조기자단의 규칙이다. 이 규칙을 어기면 회의를 통해 처벌이 내려진다. 가벼운 사안은 간식형, 무거운 사안은 일정 기간 출입처 출입이 정지된다.

당시 우리 팀은 '우병우 전 수석의 영장이 기각됐다'는 정보를 법원의 정식 공지 2분 전에 입수했다. 알고 준비를 하면 됐었다. 미리 속보 자막을 만들어놓고 법원의 공지와 동시에 승인하면 되는 것이었다. 그런데 이 과정에서 사고가 났다. 대기해야 한다는 말이 승인해도 된다는 말로 의사 전달이 잘못된 것이다. 결과적으로 우리는 법원의 공식 공지 2분 전에 '전 세계에서 가장 빨리'

우병우 전 수석의 영장 기각 소식을 전했다. 보기 좋게 기자단의 규칙을 어기게 된 것이다. 법원기자단은 우리가 중요 인물에 대한 엠바고를 파기한 것으로 간주했고, YTN 법조팀은 출입처 출입이 정지됐다. 한동안 취재 버스를 검찰 청사 안에 세워놓고 거기서 일해야 했다. 속보 경쟁이 가져온 폐해다. 고작 2분의 속보 경쟁으로 취재 시스템이 마비되는 결과가 벌어졌기 때문이다.

그런데 참 사소하다. 방송 자막을 1분이든 2분이든 먼저 내보낸들 모두가 모바일 혁신을 외치는 이 시대에 어떤 의미 부여가 가능한 것일까? 넘쳐나는 뉴스에 파묻혀 지내는 뉴스 수용자들이, 내가 원하는 뉴스를 내가 원하는 방식으로 찾아 소비하는 '적극적 수용자들'이 뉴스 콘텐츠의 소비를 지배하는 이 시대에 과연 속보 경쟁은 어떤 의미가 있는 것일까?

속보에 목맬 시간에 차라리 모바일 전용 기사를 하나라도 더 생산해서 공급하는 것이 낫겠다는 생각을 하루에도 수십 번씩 되뇌이지만, 나는 여전히 속보 기사를 올리고 승인하며 한숨을 내쉰다. 언론사들이 목매는 온에어 속보 경쟁은 분명히 모바일 터닝시대의 역행에 다름 아니다.

: 방송 뉴스 콘텐츠 뉴미디어 전략의 방향성

❶ SBS

대한민국 방송사들 가운데 SBS만큼 대놓고 뉴미디어 전략을 강화하는 곳이 없다고 해도 과언이 아니다. 보도 본부의 시스템 변화를 통해 디지털 부문을 온에어의 파생 상품이 아닌, 엄연히 보도 본부의 한 축으로 승격한 것은 대표적인 사례다.

형식과 시스템만 변한 게 아니었다. 그 내용을 보면 더 충격적이다. 뉴미디어국장과 하위 3개 부서의 장 그리고 일선 기자들까지 모두 기자만 20명으로 구성된 조직을 구축했다. YTN의 뉴미디어 부문을 총괄하는 디지털뉴스팀에 기자가 한 명이었다는 점과 비교하면 극단적인 차이로 볼 수 있다. 여기에 촬영, 편집, 그래픽 담당자 등 보조 인력까지 거의 100명에 달하는 사람들로 구성된 조직으로 편성됐다.

SBS는 2014년 출범한 브랜드 '스브스'를 통해 명실상부 대한민국 언론사의 뉴미디어 선두 주자였다. 하지만 2015년으로 접어들면서 스브스를 제외하고는 이렇다 할 한 방을 내놓지 못한 상황이었다. 그런데 2016년, 특히 하반기에는 확실히 달랐다. 조직 정비와 함께 전력 집중의 결과물이 쏟아져 나왔다. 기존 방송사들이 뉴미디어 플랫폼을 방송용 콘텐츠를 유통하는 유통 창구로서 활용을 이어간 반면에 SBS는 방송 콘텐츠를 기반으로 별도의 온라인과 모바일용 콘텐츠를 만들어냈다. '리포트 플러스' 아이템이 대표적이다.

리포트 플러스는 이름 그대로 방송 리포트에 더해진 내용을 담은 온라인 최적화 콘텐츠다. 이미지와 그래픽 등으로 시각적 효과를 높여 젊은층의 뉴스 소비를 유도하면서 동시에 심층성까지 놓치지 않으려는 모습을 보였다. ≪뉴욕타임스≫가 차용한 '깊이 있는 모바일 콘텐츠' 전략과 유사한 부분이다.

SBS는 무엇보다 벤치마킹에 주저하지 않는 모습을 보였다. 홈페이지 개편 과정만 지켜봐도 확인할 수 있는 부분이다. CNN 등 해외 언론사들의 홈페이지가 가진 장점들을 YTN이 적용할지 고민하고 있을 때 어김없이 SBS는 주저하지 않고 차용하는 모습을 보였다. 그 과정에서 SBS의 뉴미디어 전략은 한층 발전했고 체계화됐다.

기자들이 뉴스 아이템을 이야기할 때 '하늘 아래 새로운 뉴스는 없다'는 말을 관용적으로 사용한다. 뉴미디어 전략 역시 '하늘 아래 새로운 뉴미디어 전략은 없다'. 다만 누가 어떻게 더 확장시키느냐가 관건인 것이다. 더욱이, 미국 시장이 주도하고 있는 뉴미디어 전략의 경우 누가 잘 차용하고 확대하고 현지화하는지가 매우 중요한 사항이다. 그런 면에서 SBS는 아주 성공적인 뉴미디어 전략을 현실화하는 데 조직 차원의 전략적 노력을 기울이며 소기의 성과를 내고 있다.

❷ JTBC

최순실 사태의 가장 큰 수혜자는 뭐니 뭐니 해도 JTBC다. 손석희 앵커라는 신뢰성 있는 이미지를 기반으로 JTBC는 창사 이래 가장 큰 도약을 최순실 사태 보도를 통해 이뤄낸 모습이다. 더 이상 사람들은 JTBC를 종편 가운데 하나로 치부하지 않는다. 메인 뉴스의 시청률만 따져봐도 SBS 같은 지상파 방송사를 훌쩍 넘는다. 물론 '손석희 효과다', '손석희가 빠지면 거품처럼 빠질 것이다' 등등의 반론도 만만치 않다. 결과는 알 수 없지만 도약의 규모를 넓히고 그 속도를 빠르게 한 것이 손석희 사장의 절대적인 영향이라는 점은 부인하기 어려운 사실이다.

JTBC는 이른바 '최순실 태블릿' 보도로 재미를 좀 봤다. 워낙 파급력이 컸던 이슈여서 사람들은 이 최순실 태블릿을 통한 단독 보도가 JTBC 최순실 보도의 거의 전부라고 생각하는 것 같다. 하지만 디지털뉴스 시장을 조금 아는 내가 보기에 JTBC가 최순실 사태를 통해 이뤄낸 가장 큰 업적은 뉴미디어 전략이다.

JTBC는 영리했다. 온에어와 온라인의 '투 트랙' 전략을 어떻게 활용해야 시장에서 살아남고 시장을 선점할 수 있는지 분명히 알고 있었다. 그 사례는 여러 정황을 통해 확인된다. 먼저 JTBC는 촛불 정국을 보도하는 과정에서 온에어와 온라인을 하나의 몸통으로 활용했다. 기자들은 방송을 위한 생중계에 쏟는 에너지만큼 페이스북 라이브를 통한 생중계에도 전력을 다했다. JTBC가 특보를 전한다는 점도 페이스북을 통해 홍보하며 그럴싸한 플랫폼 전략도 구사해냈다. 디지털 부문이 독립 법인으로 완전히 분리되어 있는 YTN으로서는 상상하기 어려운 전략을 JTBC는 현실화한 것이다.

더욱이 JTBC는 회사의 가장 큰 자산이자 브랜딩의 거의 전부라고 할 수 있는 손석희 앵커를 뉴미디어 전략에서도 성공적으로 활용했다. 〈뉴스룸〉 방송을 마친 뒤 손석희 앵커나 당일 주요 이슈를 취재한 취재기자들이 참여하는 만담을 페이스북 라이브를 통해 송출했다. 조금 더 스내커블한 형식으로 진행되는 콘텐츠 포맷에 이용자들은 환호했다. 막내 취재기자가 손석희 앵커를 '선배'라고 부르는 단 한마디에 사람들은 반응했다. JTBC 페이스북 페이지의 도달 수치를 정확하게 알 수는 없지만, 최순실 게이트 이후 급증했다는 것은 충분히 짐작할 수 있는 부분이다.

JTBC는 대한민국 방송사가 뉴스 콘텐츠를 어떻게 확장해야 할지를 보여줬다. 거기다 JTBC는 뉴미디어 전략 측면에서는 후발 주자에 가깝다. SBS가 2014년부터 자사의 뉴미디어 부문 역량을 강화해 스브스의 브랜딩에 성공한 선발 주자라는 점과 비교하면 큰 차이점을 지니는 부분이다.

❸ 종합

물론 SBS와 JTBC가 2016년 하반기와 2017년 상반기에 보여준 뉴미디어 전략의 약발이 언제까지 미칠지는 알 수 없다. 2014년 대한민국 방송사의 뉴미디어 전략에서는 SBS의 스브스가 거의 전부였다. 하지만 2015년으로 접어들면서 SBS는 특별한 전략을 내놓지 못한 채 어정쩡한 입장을 이어오다 2016년 하반기로 접어들면서 각종 실험과 역량을 뿜어냈다. 반면 YTN은 2016년의 모바일 전략의 선두 주자로 평가받기도 했지만, 2017년에 접어들면서 시장의 관심을 끌 만한 어떤 한 방을 내놓지 못하고 있다. 그만큼 뉴미디어 시장의 변화 속도는 빠르다. 정신을 바짝 차리고 있지 않으면, 언제 먹히고 뒤집힐지 알 수 없는 것이 뉴미디어 시장이기도 하다.

하지만 시장의 방향성만큼은 분명해 보인다. 더 이상 온에어 플랫폼에 집중해서는 살아남을 수 없는 시대로 접어들고 있고, 그 속도는 더욱 빨라지고 있기 때문이다. 각 방송사의 대응 전략과 함께 급변하는 플랫폼 유통 시장에서는 또 어떤 변화가 이뤄질까? 혁신의 결과를 끌어낼 왕관의 주인공은 누가 될까?

: 신문을 버리고 모바일을 택하다, ≪중앙일보≫의 도전

대한민국 방송사의 모바일 삼국지는 YTN과 SBS, JTBC가 주도하는 모습이다. 물론 숫자로 지수를 따져서 비교할 수는 없지만, 페이스북 등 글로벌 플랫폼 등을 통한 성과를 보면 그렇다는 것이다. 기존 텔레비전 시대에 방송을 주도했던 KBS와 MBC가 모바일 시장에서 명함도 못 내미는 상황이 된 것은 방송 시장의 패러다임 변화를 보여주는 하나의 양상으로도 볼 수 있다. 이처럼 국내 방송 시장에서 모바일 뉴스 부문이 3파전의 모습을 형성한다면 신문 시장은 단연 ≪중앙일보≫가 앞서 나가고 있다.

≪중앙일보≫는 2016년 이석우 전 카카오 대표를 디지털 부문 총괄로 영입한 뒤 디지털 중심의 뉴미디어 전략의 본격화를 시장에 알렸다.

그 후 ≪중앙일보≫의 보폭은 빨랐다. 국내에서는 보기 드문 정도의 퀄리티를 지닌 네이티브 광고를 선보이며 온라인과 모바일을 통한 수익화 전략에 속도를 붙이기도 했다. 미국의 ≪뉴욕타임스≫나 ≪워싱턴포스트≫가 추구하는 전략을 그대로 차용한 모습이었다.

1년도 채 지나지 않은 2017년 3월, ≪중앙일보≫는 또 다른 변화를 준비하고 있는 것으로 알려졌다. 공식 발표 시점은 언제가 될지 모르겠지만 '온라인 퍼스트' 전략에 더욱 힘을 쏟는 것이 변화의 핵심이다. 간단히 정리하면 온라인 강화를 위해 지면은 24면만 발행해 기존의 절반으로 줄이고, 나머지를 온라인에 쏟아붓겠다는 것이다. 다시 말해, 중요한 뉴스만 신문에 내보내고 나머지는 모두 인터넷을 활용하겠다는 것이다. 말은 간단한데 내부적으로는 충격이 상당할 수밖에 없다. 지면을 획기적으로 줄인다는 것은 그만큼 편집과 제작 인력이 줄어들게 된다는 것이고, 이 인력을 온라인과 모바일에서 어떻게 활용할지도 고민해야 한다. 당장 남아도는 인력을 어떻게 교육해 얼마나 효율적으로 활용할지의 문제에 직면하게 되는 것이다. ≪중앙일보≫ 내부에서는 이 같은 변화 과정에서 생기는 문제들을 해결하기 위해 직무 연수 등의 방식을 고민하고 있는 것으로 전해졌다.

신문 지면을 대폭 줄이는 방안은 논의 단계에서 수정된 것으로 알려졌다. 정확한 사유는 대외비 정보에 해당하는 만큼 경쟁사에서 일하는 나의 상황에서는 확인하기 어렵다. 다만 지면 수는 유지하되 지면 담당 인력을 20명 내외의 차장급 인력으로 대폭 줄이고, 나머지 인력은 모두 온라인과 모바일 기사 생산에 투입하는 방향으로 논의하는 것으로 전해졌다. 온라인과 모바일 기사를 우선 작성하고 이 가운데 반응이 있는 것을 지면에 싣겠다는 것이디. 지난 수십 년 동안 관성적으로 이어온 관습을 모두 파괴하고 새로운 시스템을 도입한다는 것인데, 이 정도면 자기 파괴적인 혁신 시도에 가깝다.

이 방안이 현실화된다면 모르긴 몰라도 ≪중앙일보≫는 창사 이후 가장 큰 변혁을 꾀하게 되는 과정을 거치게 될 것이다. 기존의 지면, 방송 중심의 언론 시장이 모바일 터닝시대에 따른 온라인 모바일 중심 시장으로 변하는 것에 발맞춰 새로운 DNA로 조직을 갈아 끼우는 과정이 될 것이기 때문이다.

≪뉴욕타임스≫나 ≪워싱턴포스트≫ 등 미국의 주류 신문사들은 하나같이 자사의 성격을 신문사가 아닌 ICT 기업으로 정의하고 있다. 지면을 발행하는 신문사가 아닌 정보통신 기업으로서 모바일 터닝시대를 주도해가는 뉴스 콘텐츠 제작 기업이라는 의미에 힘을 더하는 것이다. 국내에서는 ≪중앙일보≫가 처음으로 이 모델을 향해 나아가는 모습이다. 그만큼 지면 광고의 감소 등은 시장의 변화에 따른 몸부림이라고 볼 수도 있다.

이 같은 시장의 변화는 누구나 바라보고 있지만, 그 누구도 이렇게 큰 폭의 변화에 직접적으로 나서지 못하는 상황이 2017년 현재 대한민국 신문사들의 현실이다. 페이스북 등을 통해 자사의 콘텐츠를 조금 다르게 모바일 플랫폼에 담아내는 정도가 대부분인 상황에서 ≪중앙일보≫의 변화는 말 그대로 혁신 모델이다. 물론 대한민국 언론계가 미국 시장과는 조금 다른 형태의 모습인 만큼 ≪중앙일보≫의 이 같은 모바일 터닝 실험이 얼마만큼 성과를 낼 수 있을지는 미지수다. 당장 모바일과 온라인을 강화하는 과정에서 회사의 수익 구조가 어떻게 될지가 가장 큰 관심사가 될 것이다. 과연 ≪중앙일보≫의 실험은 어떤 결과를 이끌어내고 또 어떤 영향력을 미칠 수 있을까. 한국에서도 ≪뉴욕타임스≫나 ≪워싱턴포스트≫ 같은 '신문 DNA를 가진 ICT 기업'이 출연할 수 있을지 기대되는 대목이다.

In-Depth Summary

—

대한민국 레거시 미디어와 뉴미디어의 현주소

"레거시 미디어는 저물고, 뉴미디어는 떠오른다." 업계의 상식으로 통하는 이 표현이 과연 현실적으로는 어떤 양상을 보이고 있을까?

전 세계 36개 나라의 온라인 뉴스 사용자 7만 명을 대상으로 조사한 로이터 연구소의 2017년 디지털 뉴스 리포트를 보면, 대한민국 레거시 미디어와 뉴미디어 매체의 현주소를 한눈에 살펴볼 수 있다.

먼저, 텔레비전과 라디오, 신문 등 기존 레거시 미디어 가운데 사람들이 1주일 동안 가장 많이 사용하는 브랜드는 JTBC news로 나타났다. 로이터 보고서는 JTBC가 최순실 게이트 보도를 통해 가장 신뢰받고 인기 있는 오프라인 브랜드가 됐다고 평가했다. JTBC의 주간 사용률은 60%로 1위로 나타났고, 이어 KBS news와 YTN, SBS news가 뒤를 이었다(〈그림 7〉).

역시 눈에 띄는 점은 온라인 부문의 브랜드 이용 상황이다(〈그림 8〉). 온라인 부문의 1위는 국내 대표 포털 사이트인 네이버가 64%로 1위로 나타났고, 이어 다음이 36%로 2위, JTBC online과 YTN online이 뒤를 이었다. 이 같은 상황을 정리해보면 국내 온라인 부문에서는 네이버와 다음 등 포털 사이트가 압도적인 이용률을 나타내고 있고, 레거시 미디어 가운데서는 JTBC와 YTN, KBS online 정도가 눈에 띄는 이용률을 보인다.

특히, 신문 미디어의 경우에는 ≪조선일보≫가 온라인에서 어느 정도 두각을 나타낼 뿐 다른 기성 신문 매체들은 별다른 성과를 내지 못하고 있는 것으로 나타났는데, 이는 신문 매체들이 앞서가며 디지털 혁신 구호를 외치고 있는 배경으로도 해석 가능하다.

국내 기성 매체들의 포털 사이트 종속 현상 역시 이번 조사 결과를 통해 고스

〈그림 7〉 주간 사용률 순위(텔레비전, 라디오, 신문)

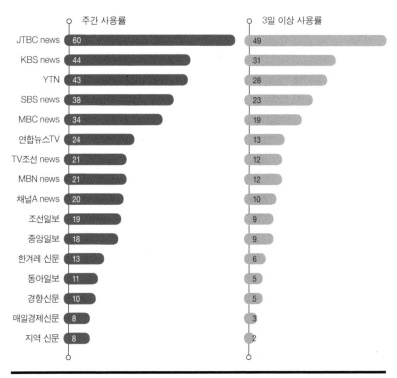

주: 2017년 4월 1003명 대상 조사 기준.
자료: reuters digital news report 2017.

란히 드러났다. 네이버와 다음 등 거대 포털 사이트 2곳이 압도적인 이용률을 나타내고 있지만, 이들 포털 사이트는 뉴스 콘텐츠를 자체적으로 생산하지 않는 다. 신문과 방송 등이 제작한 뉴스 콘텐츠를 유통하는 유통 채널의 역할을 하고 있을 뿐이지만, 대한민국에서는 뉴스 콘텐츠 소비의 주요 창구로 활용되고 있는 셈이다.

<그림 8> 주간 사용률 순위(온라인)

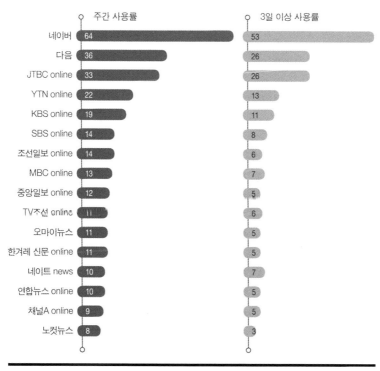

주: 2017년 4월 1003명 대상 조사 기준.
자료: reuters digital news report 2017.

: 플랫폼이 우선일까?
콘텐츠가 우선일까?

페이스북을 통해 뉴스를 처음 유통하는 실무자들이 가장 겪기 쉬운 실수는 뭘까? 바로, 플랫폼을 또 다른 콘텐츠 유통 창구로만 생각한다는 점이다. 방송이나 지면을 위해 제작한 뉴스 콘텐츠를 페이스북이나 카카오 채널 등 모바일 플랫폼에 유통하면 된다고 생각하는 경우를 가장 쉽게 접할 수 있다. 물론 이 같은 접근이 페이스북 페이지 운영의 정답은 아니더라도 오답이라고 할 수도 없다. 페이스북을 잘 운영하는 언론사든 그렇지 않은 언론사든 그 회사의 기본 콘텐츠를 모바일 플랫폼에 유통하기 때문이다. 방송사라면 방송 리포트를, 신문사라면 지면의 기사를 플랫폼에 뿌리는 것이다.

50만 팔로어를 보유한 페이스북 페이지를 운영해본 사람으로서 말하자면, 기존 콘텐츠를 모바일 플랫폼에 태우는 것은 말 그대로 1단계 전략에 불과하다. 다시 말해, 이런 기초적인 전략으로는 '페이스북이나 카카오 채널 등을 운영한다' 이상의 의미 부여는 어렵다는 것이다.

그래서 2단계로 넘어갈 때는 콘텐츠에 대한 '가공'이 더해져야 한다. 기존의 방송이나 지면 콘텐츠를 모바일에 더욱 친화적인 콘텐츠로 가공하는 것이다. 건축으로 따지면 리모델링에 해당하는 작업이다. 방송 기사의 경우에 가장 접근하기 쉬운 콘텐츠 리모델링은 '앵커 멘트'를 삭제하는 것이다. 다시 말해, 앵커가 말하는 부분을 삭제하고 기자의 리포트만을 중심으로 콘텐츠를 유통하는 것이다. 이른바 '페이스북 3초의 법칙'이다. 페이스북에서 동영상 콘텐츠를 소비할 때 계속해서 이 콘텐츠를 볼지 말지를 결정하는 데 3초가 걸린다는 의미에서 3초의 법칙이라고 업계 선수들끼리는 통용한다.

그런데 앵커 멘트를 드러내도 3초 법칙에 맞출 수는 없는 경우가 많다. 보통 방송 기사의 앞머리에는 가장 강렬한 화면을 설명하는 문장이 나올 때도 있지만 상황을 설명하거나 단순 묘사로 시작하는 경우도 많기 때문이다. 그래서 여기서 한 빌 더 나아가 기사의 앞부분도 잘라버리고 핵심부터 던져준다. 그러면 3초의 법칙에 조금 더 근접한 콘텐츠로 새가공된다. 2단계 가공, 리모델링 작업까지는 그렇게 큰 품이 들어가지 않는다. 기존 방송 리포트 영상 클립을 재편집하는 단순 작업에 가깝기 때문이다.

문제는 3단계부터다. 지금부터는 리모델링이 아니고 리빌딩을 해야 한다. 리모델링은 기존의 건축 구조 틀을 건드리지 않고 내부 장식과 구조 변경 정도의 변화를 의미한다. 반면 리빌딩은 아예 기존의 것을 전부 부수고 새롭게 집을 짓는 작업이다. 바로, 모바일 플랫폼에서 콘텐츠를 유통할 때는 궁극적으로는 플랫폼에 걸맞은 최적화된 콘텐츠를 새롭게 만들어야 한다는 의미다.

YTN에서는 모바일 피디들이 리빌딩의 역할을 담당한다. 똑같은 시청자 제보 영상이더라도 방송기자가 만드는 방송 기사와 모바일 피디들이 만드는 영상 기사는 전혀 다른 형식으로 만들어진다. 방송의 최고 미덕이 압축과 간결이라고 한다면, 모바일 플랫폼에서 최대 미덕은 스토리와 감동이다. 동영상 콘텐츠의 길이는 상관없다. 스토리를 입혀서 감성을 자극하되 그 안에 뉴스로서의 팩트를 지니면 된다. 이 같은 점을 입증하기 위해서 실제로 실험도 감행해봤다. 똑같은 시청자 제보 영상으로 방송 리포트와 모바일 영상을 동시에 페이스북에 올렸을 때의 반응을 체크한 것이다. 비교 자체가 의미 없었다. 모바일 전용 콘텐츠가 10배 이상 높은 트래픽을 기록했기 때문이다.

다시 처음으로 돌아가자. 페이스북 같은 모바일 플랫폼에서 뉴스를 유통하는 데 기존 뉴스 콘텐츠가 가진 한계점은 분명하다. 1회성 실험이었지만 10배 정도 성과가 차이가 난다는 것을 알 수 있다. 그렇다면 모바일 전용 콘텐츠를 어떻게 다양화할 수 있는지가 해당 페이지의 성공을 가르는 지점이 될 수 있다. 그래서 이런 결론 도출이 가능하다. '플랫폼보다는 콘텐츠가 우선이다.'

하지만 많은 경우 플랫폼 자체에 집착해 콘텐츠를 놓치는 경우가 많다. 콘텐츠 활용과 다양화에 관심을 기울이지 않은 채 "왜 우리 페이지는 이렇게 성과가 안 나오지?"라는 식의 하소연을 하는 셈이다. 실제로 A지상파 방송사의 경우에는 매우 훌륭한 방송 다큐멘터리와 예능 콘텐츠를 가지고 있지만, 모바일에서의 활용 능력이 거의 낙제 수준에 가깝다. 가공할 소재가 많아도 어떻게 가공할지를 모르는 것이다. 그렇다 보니 사용자의 눈을 잡아당기지 못하는 것이고, 이런 악순환은 계속된다.

얼마 전 외부 연사의 강연에서 VR에 관한 이야기를 들었다. VR 콘텐츠를 제작하는 업체의 대표인 그가 말하기를, 이 회사에서는 모든 콘텐츠를 영어로 만든다는 것이다. 이유는 간단하다. 한국 시장에서 VR은 승산이 없다는 것이다. 배경 역시 간단하다. 대한민국 정부는 VR 같은 4차 산업에 대한 지원은 많이 하는데, 거의 모든 지원의 분야가 VR 콘텐츠가 아닌 VR 기술에 집중된다는 것이다. 그렇다 보니 VR 기술 자체는 꽤 성과를 보이고 있는데, 그 VR 기술을 빛나게 할 콘텐츠가 없다는 것이다. 상황이 이렇다 보니, 이 업체 대표도 대한민국에서는 콘텐츠 유통 전망이 낮다고 판단해 해외 시장을 겨냥했으며 소기의 성과를 내고 있다고 설명했다. 그러면서 덧붙였다. "대한민국 VR 산업은 곧 망할 것입니다." 안타까울 따름이었다.

분야가 다르지만 결국 기술을 빛나게 만드는 것은 그 내용물인 콘텐츠다. 페이스북이 아무리 최첨단 알고리즘을 만든다 한들 그 알고리즘을 통해 유통되는 제대로 된 콘텐츠가 없다면 아무런 의미가 없다. 그래서 여전히 정답의 방점은 콘텐츠에 찍힌다. 플랫폼 기술에 집착하는 순간 우리는 망할 수밖에 없다. 더욱이 우리가 다루는 콘텐츠는 뉴스 콘텐츠다. 저널리즘의 가치까지 담보해야 하는 한층 수준 높고 복잡한 종류의 콘텐츠인 셈이다. 그래서 더 어렵게 느껴지는 것 같다. 모바일 터닝시대, 우리는 그에 적합한 뉴스 콘텐츠를 생각하고 있는가?

: 디지털 혁신의 시대, 새로운 인재상

모바일 터닝시대를 맞아 참여저널리즘의 의미와 역할이 대폭 커진 만큼 제작 시스템에서도 변화는 필수적이다. 기존의 제작 시스템으로는 변하는 상황에 대처하거나 생존할 수 없다는 것인데, 최근 겪었던 일을 상기해보면 디지털 시대를 맞이한 새로운 제작자의 모습 또한 이미 일상적으로 느낄 수 있는 상황이 도래한 것 같다.

인턴으로 입사한 친구가 졸업식 참가로 오전에 졸업식에 다녀와도 되겠냐고 물어왔다. 잠시 생각을 해보고 나서야 이 친구가 졸업예정자 신분이었던 것이 생각났다. "당연하지, 잘 다녀와." "점심 전에 회사로 복귀 가능합니다." "어? 학교가 회사랑 가깝나 보네?" 이런 말을 주고받다가 질문 하나를 더 던졌다. "근데 너 학교가 어디지?" "농담이시죠?"

다시 생각을 해보니 이 친구가 어떤 학교를 다니는지 모르고 있었다. 불과 2주일 전 실무 면접을 통해 무려 1시간 가깝게 심층 면접을 진행하며 이 사람의 특기와 재능, 잠재력 등을 살펴보기 위해 애썼다. 하지만 정작 이 친구가 어느 학교를 다니는지는 모르고 있었다. 어느 학교에 다니는지를 반드시 알아야 하는 것은 아니지만 한국 사회에서 사람과 사람을 연결하는 주요 기준 가운데 하나로 작용하는 경우가 많은 '출신 학교'를 담당 팀장인 나는 모르고 있었다.

물론, 내가 궁금했거나 알기를 원했다면 경영기획팀을 통해서 알 수는 있다. 하지만 알려고 노력하지도 않았고 딱히 몰라도 그만이었다. 나는 디지털 콘텐츠 제작자를 뽑을 때 어느 학교를 졸업했는지는 그다지 중요하게 여기지 않았다. 물론 내가 면접에서 접하게 되는 지원서에도 학교는 공개되어 있지 않다. YTN 디지털 부문의 신규 인력 채용은 철저히 '블라인드 면접'으로 진행되는 셈이다.

엉뚱한 출신 학교 질문을 한 뒤 자리에 앉아 한번 곰곰이 생각해봤다. 내 자리에 앉아 있으면 20명에 육박하는 팀원들이 일하는 모습을 볼 수 있는데, 한 사람 한 사람 얼굴을 보면서 저 친구가 어느 학교 어떤 학과를 졸업했는지를 생각해봤다. 놀랍게도 팀장인 나는 팀원의 80%에 대해 어느 학교를 나왔는지 모르고 있었다. 내 정보 결핍을 자각한 뒤 대외비 서류인 사원 정보 문서를 열쇠로 잠겨 있는 서랍에서 꺼내서 하나씩 살펴봤다. '아, 맞다 저 친구는 이 학교를 졸업했지.' 어쩌다 보니 나는 팀원들의 출신 학교 '따위'는 고려하지 않고 철저히 능력과 성과를 기준으로 인사 평가를 하는 팀장이 돼 있었다.

나는 앵커 생활을 하면서 신입기자와 앵커 채용 절차 모두에 참여해봤다. 기자 채용 때는 카메라 테스트에서 질문을 던지는 앵커의 역할로, 앵커 채용 때는 서류 평가 채점관으로 참여했다. 기자 채용은 출신 학교와 전공, 영어 점수 등 이른바 스펙이 매우 중요한 요인으로 작용하고 대체로 좋은 대학 출신이 채용되는 경우가 많다. (물론 나처럼 명문대 출신도 아니고 스펙이 좋지 않은 사람도 더러 합격자 명단에 포함된다.) 앵커의 경우는 실무 능력이 좀 더 중요한 평가 영역이이서 실무 테스트의 비중이 높지만, 대체로 이름을 들으면 알 만한 학교 출신이 많고 더러 해외 유학파도 포함돼 있다. 여기서도 일정 부분 '스펙'이 상당한 역할을 한다고 볼 수 있다.

그런데 디지털 콘텐츠 제작자, 이른바 '모바일 피디'를 뽑을 때는 전혀 다른 채용 과정이 진행된다. 일단 스펙을 보지 않는다. 디지털 콘텐츠 제작자들 가운데 특히 영상 제작자의 경우에는 스펙을 쌓을 시간에 기술적인 역량을 높이는 데 주력한 경우가 많다는 점을 고려한 것이다. 스펙이 낮은 경우 반드시 동영상 제작 역량 등이 높다고 볼 수는 없지만, 통상적으로 동영상 제작 능력이 높은 사람이 특정 관점이나 캐릭터를 가지고 있을 때는 스펙과 실무 능력이 비례하지 않는다고 우리는 자체 결론을 내렸다. 그래서 지원자 1명을 면접할 때 짧게는 30분, 길게는 1시간 넘게 아주 집중적인 심층 면접을 진행한다. 실무 능력을 점검하는 질문부터 인문학적 소양, 돌발 상황 대비 능력, 인생관 등등. 아주 많은 질문을 실무 팀장 2명이서 돌아가면서 뽑아대면 대체로 이 지원자의 실무 능력, 인성, 자질 등이 눈에 잡힌다.

특히나 우리가 높게 평가하는 기준 가운데 하나는 입사 이후 내가 가르칠 사람인지, 아니면 내가 배울 수 있는 사람인지의 여부다. 10년 정도 아래 후배를 뽑는 자리이지만, 합격권의 지원자들 대부분은 어떤 하나의 특성을 가진 경우가 많다. 같은 주제를 가지고 같은 시간 동안 동영상을 만들어도 그만의 독특성과 개성이 담겨 있는 경우가 특히 '입사 이후 내가 배울 수 있는' 경우에 해당할 가능성이 높다. 내가 가르쳐서 잘 키우는 것도 방법이지만, 각자의 개성이 분명한 사람들이 서로서로 가르치고 배우는 관계 속에서 좀 더 시너지를 낼 수 있다는 것, 바로 이 지점이 내가 모바일 피디를 채용하는 데 가장 중요하게 여기는 요소였다.

이 점은 실무를 하는 과정에서도 상당히 중요한 요인으로 작용한다. 모바일 콘텐츠 대응의 특성상 회의는 상시적이다. 어떤 아이템을 제작할 것인지, 어떤 형식으로 어떤 소스를 사용해 어떤 플랫폼을 중심으로 한 콘텐츠를 만들지 하루에도 몇 번씩 서로 얼굴을 맞대고 회의를 하며 의견을 교환하고 의사를 소율해야 한다. 이 과정에는 물론 키를 가진 회의 주재자가 있지만 이 회의는 언론사의 통상적인 보도국 회의와는 사뭇 다르다. 수직적 구조보다는 상대적으로 수평적 구조에서 의견 조율이 이뤄지고, 이 과정에서 각자가 가진 관점과 생각들이 교환된다. 여기서 나온 아이디어들은 '1+1=2'가 아닌 '1+1=4'일 수도 있다는 식의 시너지 또는 새로운 관점으로 진화하는 경우도 있다.

이런 이유로 나는 모바일 피디를 채용할 때 핵심 관점을 시너지 창출의 가능성에 맞추려고 노력했다. 물론 이런 식의 채용 과정이 가지는 문제점도 있다. 다름 아닌 처우 부분이다. 여전히 대한민국 언론사들은 대부분 온에어 콘텐츠 제작자(기자, 피디)의 처우가 온라인 콘텐츠 제작자(모바일 피디)보다 압도적으로 좋은 경우가 많다. 물론, 이 부분은 온에어와 온라인의 균형점이 맞춰지면서 자연스럽게 조율될 가능성이 높다고 보지만, 지금의 현실은 그렇다는 것이다.

그래서 온라인 콘텐츠 제작자들에게 너무 과도한 일을 맡기고 지시하는 것은 아닌지 회의감이 들 때도 잦았다. 과연 저들이 일하는 가치, 만들어낸 제작물의 퀄리티가 온에어 제작자들의 그것과 비교해 부족한 것일까. 아직 온라인과 모바일에 대한 인식도가 해외 시장만큼 개선되지 않아서 어쩔 수 없는 부분도 있는 만큼 섣불리 문제를 제기하거나 해결책을 모색하기 어려운 상황이지만 머지않은 시기에 개선 작업이 이뤄져야 한다. '스펙을 버리고 재능을 찾는다. 이 재능 속에서 조직의 시너지를 노린다'는 것이 실무자로서 나의 판단이다.

: 디지털 제작자가 갖춰야 할 조건

기자인 나는 기사를 쓸 줄 안다. 한 10년 동안 기사를 쓰다 보니 기사는 좀 쓸 줄 아는 것 같다. 기자인 내가 기사를 쓰면 영상을 편집하는 작업이 이뤄진다. 영상 편집은 해당 영상을 촬영한 촬영기자가 하는 경우도 있고 전문 영상 편집자가 하기도 한다. 다시 말해, 기자인 나는 취재한 내용을 기사로 잘 써내면 되고 이후 편집과 방송 과정에는 개입하지 않는다. 그러던 내가 영상 편집을 배운 것은 2010년쯤으로 기억한다. 당시 나는 문화부에서 영화 담당이었는데 영상 편집을 담당하는 선배 손이 어지간히 느렸다. 1시간이면 이뤄질 영상 편집이 2시간, 3시간씩 이어지는 경우도 많았다. 답답함을 견딜 수 없었던 나는 영상 편집을 배우기로 마음먹었다. 영상까지는 아니더라도 오디오 편집 정도는 내가 해서 던져주면 영상을 붙이는 작업 시간이 좀 더 단축되지 않을까 하는 생각에서 출발한 것이다. 그 이후 기자인 내 일은 하나가 더 늘었다. 취재를 하고 기사를 쓰고 오디오 편집을 한다. 그리고 나서 그림을 붙이는, 말 그대로 '영상' 편집 작업이 이뤄졌다.

사실 기자가 오디오를 편집하는 경우도 흔한 일은 아니다. 대개 시간도 부족하고, 굳이 안 배워도 엄밀히 말해 전담자가 있기 때문이다. 돌이켜보면 스스로의 답답함을 이겨내지 못해서 '굳이 안 배워도 되는' '엄밀히 말해' 안 해도 되는 일을 한 셈이다.

그래서인지 디지털 부문에 와서 팀원들을 보고 난 상당히 놀랐다. 텍스트 기사를 쓰는 피디들이 카드 뉴스도 만든다. 다시 말해, 기사 쓰는 사람이 포토샵이나 일러스트 작업을 병행하면서 이런저런 제작물을 뚝딱뚝딱 만들어낸다. 영상 편집을 담당하는 친구들에게도 놀라지 않을 수 없었다. 영상 편집 능력 하나를 제대로 갖추기도 어려울 법한데, 영상을 매우 잘 편집하는 친구가 촬영도 잘하고 심지어 그래픽 삽화를 그릴 줄도 안다. 말 그대로 '다재다능', '일당백'인 셈이다.

좀 더 세밀하게 들여다볼수록 이 친구들이 가진 능력과 재능에 놀라게 된다. 보통 기자 지망생을 대상으로 하는 강의를 할 때 가장 흔하게 하는 말 가운데 하나가 아마도 '기자는 세상에 대한 관심이 많아야 한다'일 것이다. 나 역시 그런 말을 자주 하고 다른 기자들도 크게 다르지 않은 것 같다. 그런데 디지털 콘텐츠를 제작하는 친구들은 세상에 대한 관심이 매우 구체적으로 많다. 먼저 텍스트 기사를 쓰는 친구들을 보자. 이 친구들은 인터넷 커뮤니티를 배회하며 '이 시각 현재' 누리꾼들이 어떤 사안에 관심을 갖고 있는지 실시간으로 탐색한다. 해당 커뮤니티들은 말 그대로 글로벌하다. 미국, 영국, 중국, 일본 등등. 자리에 앉아서 전 세계 누리꾼들이 '이 시각 현재' 어떤 이야기들을 주고받고 확산하는지 아주 세밀하게 관찰한다. 그러다 보면 아이템이 잡힌다. 더러는 단독 기사도 나온다. 디지털 부문에서 단독 기사를 내면 본방송에서 받아서 쓰기도 하고 타사에서 인용 보도를 하기도 한다. 최근 커진 디지털 부문의 영향력을 가늠할 수 있는 대목이다.

어찌 됐든 아이템이 잡히면 제작 방식을 결정해야 한다. 텍스트 기사를 담당하는 피디는 둘 중에 하나다. 텍스트로 쓰거나 아니면 카드 뉴스 같은 이미지로 만드는 것이다. 텍스트로 쓰더라도 중간에 이미지가 들어가는 경우가 많기 때문에 이미지 작업도 병행한다. 정리하면, 아이템을 '글로벌 하게' 찾고 기사를 쓰고 이미지를 편집한다. 카드 뉴스로 만들 아이템이라면 텍스트를 쓰고 포토샵 등을 이용해 이미지 작업을 한다. 그렇게 디지털 콘텐츠가 만들어진다.

이번에는 동영상 제작이다. 동영상 제작의 소스는 직접 촬영하는 경우도 있지만 주로 제보에 의존하는 경우가 많다. 제보 영상을 토대로 영상을 만드는 것은 사실 영상 편집 툴을 사용할 줄 아는 사람이라면 고만고만하게 만든다. 관건은 얼마나 '섹시하게' 만들 수 있느냐다. YTN의 경우에는 제보자가 보내준 제보 영상에 제보자의 오디오를 섞는 방식을 사용한다. 모바일 뉴스 콘텐

〈사진 3〉 YTN 페이스북 페이지 '제보 영상' 콘텐츠

츠로서 '제보 영상'이 탄생하게 된 시발점이다. 동영상을 그냥 보여주거나 기존의 방송 형식으로 편집했다면 디지털 부문의 킬러 콘텐츠로서 '제보 영상'은 탄생하지 못했을 것이다. 제보자의 목소리를 더해 신빙성을 높이는 것을 기본 토대로 하고 여기에 감각적인 편집이 더해진다. 우리는 기존 방송 형식의 편집을 지양한다. 편집을 담당하는 친구들의 면면을 봐도 조금 독특하다. 영화 연출을 전공한 경우도 있고 외국에서 미디어 아트를 공부한 친구도 있다. 이런 제반 조건에 20대 중반의 아주 '말랑말랑'한 감각이 더해지면 다른 사람이 흉내 내기 어려운 결과물이 나온다.

방송 편집을 오래한 사람의 경우 디지털 부문의 '제보 영상'이 산만하거나 형식적 완결성이 떨어진다고 비판하는 경우도 더러

있다. 맞는 말이다. 바로 우리가 파고든 부분이 기존 틀을 파괴하고 새로운 소비 특성을 공략하는 것이었다. 누리꾼의 디지털 콘텐츠 소비 행태는 기본적으로 산만하다. 책을 읽듯이 집중하거나 선형적인 방식으로 콘텐츠를 대하지 않는다. 스마트폰으로 디지털 콘텐츠를 소비하면서 전화를 하기도 하고 메시지를 주고받기도 한다. 영상이나 텍스트를 소비하다 지루하면 곧바로 다른 콘텐츠로 시선과 손길을 옮긴다. 디지털 콘텐츠 소비자들은 기본적으로 '산만한' 환경에서 콘텐츠를 소비한다. 다시 말해, 기존의 정제되고 완결성 높은 방송용 영상은 지루하기 쉽다. 안정적인 앵글은 시각적 지루함을, 완성도 높은 편집물은 따분함을 불러일으키기 쉽다. 우리는 정답을 날것에서 찾았고, 그 전략이 성공했다고 판단한다. 그 날것의 대표 주자는 제보자들이 보낸 제보 영상이었고 우리는 그것에 손길을 더해 뉴스 콘텐츠 포맷으로서 '제보 영상'을 만들어냈다. 이러한 전략에 제보 영상 편집자의 독특하고 감각적인 편집 능력이 더해지면서 하나의 콘텐츠 양식이 탄생하는 셈이다.

동영상 제작자들은 영상만 편집하지 않는다. 제보자들의 영상에 기대지 않고 아예 일러스트를 그려서 영상을 만들기도 한다. 드라마 〈W〉에서 강철이 그려지던 디지털 작업기를 직접 손에 들고 전자펜으로 무언가를 창조한다. 30분 전까지 동영상 편집에 매달리던 사람이 지금은 전자펜을 들고 무언가를 그린다. 영상 편집이라는 단어의 범위를 크게 확장한 셈이다.

이런 면에서 디지털 제작자들은 텍스트 또는 동영상 제작자라는 구분 없이 '오지랖'이 넓어야 한다. 기존 온에어 기자들이 출입처 위주의 안테나를 가지고 있다면 이들은 국적 불문 누리꾼들의 관심사를 포착하는 안테나를 가져야 한다. 글을 잘 쓰는 것은 기본이고 이미지 편집에 카드 뉴스 제작까지 해내야 한다. 동영상 제작은 단순히 영상 편집이 아닌, 영상을 창조하는 개념으로 접근해야 한다.

물론 디지털 제작자들이 모두 이와 같지는 않다. 언론사별로 특성은 조금씩 다르다. 우리는 1인 제작 시스템이 좀 더 효율적이라고 판단하지만 경쟁사들의 상황을 보면 다인 협업 시스템으로 운영하는 경우가 더 많다. 뭐가 정답이라고 단언하기도 어려워 보인다.

하지만 레거시 미디어에서 콘텐츠를 만들고 있는 사람으로서, 디지털 부문 제작자의 기본 경쟁력은 협소한 의미의 제작 개념에서 벗어나는 것이라고 본다. 어차피 모든 일은 연결돼 있고, 그 완성도를 높이는 것은 기본 전제인 각 분야에 대한 이해도이기 때문이다.

In-Depth Summary

—

온라인 콘텐츠를 제작하는 방식 역시 언론사별로 큰 차이점을 지닌다. 유사한 형태의 콘텐츠 포맷을 가지고 있더라도 그 시스템을 보면 세부적으로 많은 차이점을 발견할 수 있고, 각 시스템별 장단점 역시 확실한 비교가 가능하다.

❶ 1인 제작 시스템

YTN의 온라인 제작 시스템은 1인 제작 시스템이다. 발제부터 제작, 유통까지 해당 콘텐츠의 제작자가 끝까지 책임지는 시스템이다. 텍스트 기사 제작의 경우 아이템 발굴부터 기사 작성, 각종 플랫폼을 통한 유통까지 한 사람의 손을 통해 마무리된다. 영상 제작물 역시 기획 단계에서는 팀 차원의 아이디어 교환이 이뤄지지만 동영상 편집, 유통 등 제작의 전 과정은 콘텐츠 제작 당사자 한 사람이 맡는다.

1인 제작 시스템은 전 과정을 제작 당사자가 통제하기 때문에 발제 의도가 제작 과정과 유통 과정에서 훼손되지 않고 유지된다는 장점이 있다. 중간에 콘텐츠 방향을 다시 설정해야 하는 상황이 생기더라도 팀장과의 커뮤니케이션만 이뤄지면 신속히 대응할 수 있다. 특히 1인 제작 시스템은 제작자와 팀장의 관계를 제외하고 통상적으로 수평 구조를 지향하는 경우가 많기 때문에 조직 문화 전반이 기자 조직보다는 IT 기업 문화와 좀 더 유사한 형태를 띠게 된다. 이에 따라 의사 결정 구조 역시 상대적으로 간소화할 수 있다는 점도 장점으로 볼 수 있다. 다만 별도의 편집자나 그래픽 담당자 없이 오롯이 제작 당사자 한 사람이 담당하는 구조여서 제작자의 피로도 관리가 상당히 중요한 부분으로 작용한다.

❷ 다인 협업 시스템

가장 대표적인 곳이 SBS 뉴미디어국이다. 뉴미디어국에서 제작하는 아이템은 대부분 기획은 기자가 제작은 인턴이 담당하는 경우가 많다. 실제 제작의 경우에도 영상 편집과 그래픽 제작 등 작업의 세부 과정을 담당하는 각각의 스태프가 존재한다. 다시 말해, 기사 쓰는 사람은 기사만 쓰면 되고 그래픽 제작 인력은 그래픽 제작만 하면 되는 셈이다. 이 같은 다인 협업 시스템은 컨베이어 벨트식 분업 체계에 가까운 만큼, 일단 제작 방향이 정해지면 효율적으로 제작을 끝낼 수 있다는 장점이 있다. 다만 아이템 제작에 대한 관점이 스태프 각각의 관점과 다를 수 있다는 점에서 콘텐츠 자체의 완성도를 높이기 위해서는 기획자의 총괄 통제 능력이 상당히 중요한 유인으로 꼽힌다. 또, 기획사와 제작자가 기자와 인턴으로 분류되는 경우에는 제작 전 과정에 상하 관계가 분명히 설정돼 조직 문화가 수직 구조로 형성될 가능성이 상대적으로 크다는 점은 단점으로도 꼽힌다.

: 취재기자의 필수품,
   노트북? 스마트폰?

최순실 게이트가 한창일 때 언론사들은 '특종' 경쟁에 목맸다. 과열 경쟁 양상으로 번지면서, 사실이 확인되든 안 되든 '일단 지르고 보는' 식의 단독 보도 경쟁이 이어졌다. 그래서 제목에 '단독' 이라는 타이틀은 붙었는데 막상 기사를 보면 사실 확인도 안 된 기사와 추정 기사도 꽤 많았다.

최순실 게이트와 박근혜 전 대통령 탄핵 심판 당시 법조팀 현장책임자였던 나 역시 단독 보도를 신경 쓰지 않을 수 없었다. 관건은 과연 의미 있는 사실을 찾아서 어떻게 확인해 기사로 생산해낼 것인가 하는 점이다. 이미 수십 수백 개 언론사들이 벌떼처럼 몰려 취재하는 상황에서 고유의 취재원을 확보하는 것은 쉽지 않은 일이었다.

그런 어려운 시절에 팀원들의 노력 끝에 소스 하나를 확보했다. 우리를 신뢰했던 해당 취재원은 우리에게 특검이 작성한 최순실 공소장을 넘겼다. 그것도 특검 수사 결과 발표 이틀 전이었다. 내용과 타이밍이 완벽히 맞아떨어졌다. 공소장에 어떤 내용이 담겨 있을지 궁금했다. 이거 하나면 몇 개의 단독 기사가 충분히 생산될 수 있을 것이라는 기대감도 컸다.

공소장을 받아온 후배에게 공소장을 전달해달라고 했다. 족히 수십 쪽은 될 것이어서 이걸 A4용지로 받아야 하나, 오토바이 퀵을 보내야 하나 고민했다. 고민하는 사이에 후배는 적잖은 분량의 공소장을 스마트폰으로 사진을 찍어 카카오톡으로 보내줬다. 아차 싶은 생각이 들었다. 이렇게 간단하게 해결될 일을 과거 종이 뭉치로 받았던 기억에만 순진하게 의존했던 것이다.

이른바 고영태 녹취록의 경우에는 더 인상적이었다. 최순실 게이트의 핵심은 최순실의 국정농단이 아니라 고영태 씨 등이 이권을 챙기기 위해 최순실 씨를 이용했다는 것이 최 씨 측의 주장이었다. 그리고 고 씨 등이 어떤 말들을 했는지 이른바 고영태 녹취록을 통해 다 확인됐다는 점이었다. 고영태 녹취 파일은 최순실 형사재판의 증거로 채택됐고, 헌법재판소 탄핵 심판 과정에서도 증거 채택 여부를 놓고 공방이 벌어지기도 했다. 고영태 핵심 녹취 29개가 법원에서 증거로 채택된 날, 운 좋게도 우리 팀에게 그 파일이 입수됐다. 그런데 분량이 좀 많았다. 파일을 텍스트로 옮긴 녹취록의 분량이 A4로 500쪽이 넘었다. 이번에도 후배는 한 장 한 장 스마트폰으로 찍은 이미지들을 카카오톡으로 보내줬다. 도저히 감당이 되지 않아 오토바이 퀵으로 500쪽 분량의 녹취록을 전달받았다. 여전히 내게는 과거의 방식이 가장 편한 방식이구나 하고 생각했다.

모바일 시대에 걸맞게 취재기자들의 취재 방식 또한 변하고 있다. 그 변화의 핵심에는 스마트폰이 자리한다. 스마트폰으로는 뭐든 다 할 수 있다. 영상 확보도 가능하고 기사도 쓸 수 있다. 심지어 기사를 데스킹한 뒤 승인할 수도 있다. 방송 리포트에 들어갈 오디오 녹음도 가능하고, 녹음된 것을 별도의 절차 없이 회사 내부 시스템으로 보낼 수도 있다. 예전 같으면 영상 확보를 위해서는 디지털 카메라, 오디오 녹음을 위해서는 전용 녹음기가 사용됐을 것이다. 불과 4~5년 전의 상황이다. 그런데 2010년 이후 스마트폰이 급격한 속도로 보급되면서 취재 현장의 모습이 이렇게 바뀐 것이다. 이미 현장기자들은 디지털 환경에 매우 친화적으로 적응하고 있다고 볼 수 있다. 기술적인 활용도에서 그렇다는 것이다. 하지만 기술과 인식의 격차는 어쩔 수 없는 것 같다. 아무리 기술적으로 디지털화됐다고 해도 모바일 시대를 바라보는 뉴스 제작자의 인식은 디지털적으로 뒷받침되지 않은 경우가 많기 때문이다. 그래서 필요한 것이 '디지털 몸틀'이다.

: '디지털 몸틀'이 필요한 이유

두발자전거를 타는 방법을 배운 게 아마도 5~6세 무렵이었던 것 같다. 넘어지고 일어서기를 반복하다 아주 조금 스스로 앞으로 나갔을 때의 기쁨 비슷한 어떤 감정이 머릿속 어딘가에 아주 희미하게 남아 있다. 그 기억이 정확한지도 잘 모르겠지만 어쨌든 세발자전거의 보조 바퀴를 떼고 처음 두발자전거를 탄 것을 유년 시절에 겪은 아주 큰 사건 가운데 하나로 간직하고 있다.

그리고 한동안 자전거를 타지 않았다. 정확한 이유는 모르겠다. 이후 두발자전거를 소유하게 된 시기는 초등학교 3~4학년 때였던 것 같다. 몇 년 만에(어렴풋한 내 기억이 맞다면 7~8년 만에) 두발자전거를 타본 셈이었다. 당시 나는 두발자전거를 타고 앞으로 갈 수 있을지 의구심이 있었다. 거의 10년 만에 자전거를 타는 셈이니 그런 생각을 충분히 할 수 있었던 것 같기도 하다. 그래서인지 아주 오랜만에 탄 자전거가 앞으로 나간다는 것을 느꼈을 때의 환희 또는 기쁨의 감정 역시 유년의 기억 속에 자리 잡은 추억 가운데 하나이지 싶다.

대학에 와서 언론고시를 준비한답시고 이런저런 책들을 찾아보다 나의 자전거 경험이 철학적으로 설명될 수 있다는 것을 알게 됐다. 아주 어린 시절 체험으로 익혔던 두발자전거 타기를 오래 시간 뒤에 했을 때 잊지 않고 힐 수 있었던 것은 자전거 타기에 대한 '몸틀'이 갖춰졌기 때문이다. 프랑스의 실존주의 철학자 메를로퐁티가 주장한 몸틀 개념이다.

메를로퐁티의 몸틀 개념을 지금 나에게 적용해보면 나는 아날로그 방송의 몸틀에 익숙한 11년차 방송기자다. 3~4줄짜리 단신 기사와 10여 문장 내외의 리포트 기사를 쓰는 몸틀이 잘 갖춰져 있고, 현장 중계 방송이나 스튜디오 앵커로서의 몸틀도 꽤 잘 갖춰져 있다. 한 달에 한 번 주말 앵커로 일할 때 이런 몸틀의 개념을 쉽게 느낄 수 있었는데, 두어 달 만에 스튜디오에 앉아도 별로 낯설지 않고 마치 어제 방송을 진행한 것처럼 편하게 방송을 할 수 있다. 방송에 대한 몸틀이 갖춰져 있는 셈이다.

그리고 보면 디지털 부문으로 발령을 받았을 때 두세 달 정도 나를 그토록 힘들게 했던 것은 아마도 잘 갖춰진 '아날로그 방송용 몸틀'이었던 것 같다. 디지털 부문에서 필요한 기사와 아날로그 방송에서 필요한 기사가 다르다는 것, 유통의 방식도 너무나 다르다는 것, 일의 방식도 전혀 다르다는 것을 쉽게 받아들이지 못했던 것은 바로 '아날로그 몸틀' 때문이었던 것이다. 지금 돌이켜보면 디지털 부문에서 처음 보낸 석 달은 입사 초 수습 기간으로 겪은 석 달보다 더 새롭게 나를 분해하고 조립하는 과정이었다. 즉, '아날로그 몸틀'을 '디지털 몸틀'로 바꾸는 과정이었다.

가끔 디지털 부문의 이해도가 낮은 보도국 기자들과 아이템을 놓고 언쟁 아닌 언쟁, 갈등 아닌 갈등을 겪을 때가 있다. 지나고 다시 생각해보면 원인은 다 이 '몸틀' 때문이었다. 디지털 몸틀을 갖출 생각도 갖출 의지도 없는 '아날로그 몸틀'을 갖춘 사람들에게 백날 '디지털 중요하다', '온라인 취재 후기를 써야 한다' 등등의 이야기를 해봤자 공허한 결과가 따라올 뿐이었다.

이런 면에서 SBS 보도국 기자들이 취재 후기를 중심으로 작성하는 '취재 파일'은 아날로그형 기자들에게 디지털 몸틀을 잘 덧씌운 대표적인 사례다. SBS 소속 사람들의 말을 들어보면 기자들은 대부분 방송 리포트 1건을 작성하는 것과 취재 파일 1건을 작성하는 것을 거의 동일한 비중으로 놓는다고 한다. TV 온에어를 위한 리포트와 온라인에서 유통되는 디지털 콘텐츠를 동일한 비중으로 다룬다고 하니 전혀 그렇지 못한 YTN의 상황과 비교되며 우리가 어떤 방향성을 만들어야 하는지 고민하게 만든다. 물론 SBS 기자들이 '디지털 몸틀'을 갖는 데 적잖은 시간이 걸렸고 사내에서 공감대를 형성하기까지 여러 진통이 있었던 것도 사실이다. 하지만 결과적으로 전 세계 모든 언론사가 디지털 혁신을 외치는 상황에서 디지털 몸틀을 갖춘 조직으로서는 이미 성공 가능성 자체를 높인 상황에서 일을 진행한다고 볼 수 있다. 반면 아날로그 몸틀을 갖춘 상황에서 아무리 디지털 혁신을 말해봤자 공허한 다짐 내지는 구호에 불과할 수밖에 없는 것이 지금 우리가 쉽게 접할 수 있는 미디어 시장의 현실이다.

보도국 또는 편집국의 디지털화는 앞으로 언론 시장이 직면하게 될 가장 큰 이슈가 될 것이다. 이미 여러 언론사가 '디지털 퍼스트' 또는 '모바일 퍼스트'를 전면으로 내세운 만큼 디지털을 이해하지 못하는 사람은 도태될 수밖에 없는 구조가 시스템적으로 마련될 가능성도 크다. 다시 말해, 디지털 몸틀에 대한 이해와 장착은 이제 선택의 문제가 아니라 필수 또는 기본 전제의 문제가 될 수밖에 없다.

: 파괴적 미디어 혁신이 필요한 시간

"모바일이 답이야"

디지털뉴스팀장으로 일하면 페이스북, 구글 등 해외 유수의 플랫폼 업체 관계자들과의 미팅도 잦다. 특히 페이스북에서 일하는 내 친구는 나만 보면 저 이야기를 입이 아프도록 한다. 이상한 것인지 직관적인 것인지는 모르겠지만 나는 "모바일이 답이야"라는 말이 "온에어는 이미 끝났어"라고 들린다. 2017년 현재의 상황에서 저 말은 반은 맞고 반은 틀리다. 레거시 미디어 방송사에서 온에어가 끝나면 온라인과 모바일도 존재할 수 없기 때문이다.

그래서 나는 줄기차게 '투 트랙 뉴미디어 전략'을 제안한다. 먼저 큰 틀에서 기존의 온에어, 즉 YTN 본방송의 경우에는 꾸준히 스테이션 이미지를 가꾸는 일이 중요하다. 온에어의 영향력이 떨어진다고는 하지만 지금도 앞으로도 방송사에서는 온에어가 중추의 자리를 차지할 것이다. 최소 20년은 지금처럼 온에어의 위상이 바뀌지는 않을 것이다. 또 하나의 틀인 온라인, 특히 모바일은 지금보다 더 급격히 역량이 커질 것이다. 사용자들에게 모바일은 이미 내가 존재하는 세상과 맞먹는 또 하나의 세상으로 인식되고 있다. 어떤 통계를 봐도 모바일에 대한 의존도나 사용률은 해마다 늘어나고 있다.

물론 회사 기획 조정 부서나 전략 담당 부서에 이런 이야기를 줄기차게 해도 의사 결정권자들은 꿈쩍도 하지 않는다. 이유는 간단하다. 여전히 방송사의 큰 수익원이 모바일이 아니고 온에어이기 때문이다. 향후 5년 안에 수익 구조가 뒤바뀔 수 있다고 엄포를 놓아도 변하는 것은 없다. 그걸 어떻게 증명할 것이냐는 말이다. 아직 상황이 벌어지지 않았으니 지금의 체제가 정답에 더 가깝다는 논리다.

내가 주장하는 투 트랙 뉴미디어 전략은 이론적 틀에도 적용이 가능하다. 파괴적 혁신으로 잘 알려진 클레이튼 크리스텐슨 하버드 대학교 교수의 이론적 틀에 우리나라 방송사들의 모델을 적용해보자.

먼저, 레거시 미디어들은 존속적 혁신을 해야 한다. 발달하는 기술의 진보에 맞춰서 한층 더 품격 있고 저널리즘의 가치를 담보하는 뉴스 콘텐츠를 만들어야 한다. 단순 스트레이트성 기사가 아닌, 좀 더 격이 있는 방송 콘텐츠, 좀 더 시청자 친화적인 콘텐츠를 만들어서 사회의 공기로서의 역할을 해야 한다. 쉽게 말해, 기존의 스테이션 이미지를 잘 구축해 줄곧 하던 일을 더 열심히 잘해서 더 발전시켜야 한다는 것이다.

또 하나는 파괴적 혁신이다. 레거시 미디어에는 모바일 혁신을 대입할 수 있다. 여전히 많은 언론사가 기존의 신문, 방송 플랫폼이 조직의 핵심 중추이자 사실상 전부라고 생각한다. 모든 미디어 전략, 경영 전략의 핵심 틀 역시 레거시 영역을 중심으로 이뤄진다. ≪뉴욕타임스≫가 혁신보고서를 내놓든 ≪가디언≫이 혁신보고서를 내놓든 간에 그것은 미국과 독일의 이야기일 뿐이다. 통상 해외 유수 언론들의 몸부림치는 혁신 사례를 보고하면 이런 대답이 돌아온다. "한국 사회는 좀 더 특수한 면이 있다." 정말이지 이런 반복된 대답을 들을 때면 나 역시 이런 생각을 하게 된다. '특수해도 너무 특수해서 이제 망할 일만 남았구나' 하고 말이다.

나는 레거시 미디어가 모바일 터닝을 위한 혁신을 할 때는 파괴적 혁신보다는 '자기' 파괴적 혁신이라는 단어가 좀 더 적확한 의미를 가진다고 생각한다. 기존의 미디어들은 현재 영역의 절반 정도를 아예 떼어서 전혀 다른 DNA로 개조되어야 하기 때문이다. 역설적으로 이런 거대한 노력과 고통이 수반되는 작업이기 때문에 대다수의 신문과 방송사들은 아직은 '모른 척'해도 괜찮을 것이라고 생각한다.

모든 새로운 시도는 절박성을 경험해야 이뤄지기 마련이다. 신문사가 방송사보다 더 디지털, 모바일 혁신을 외치는 이유도 바로 여기에 있다. 이미 종이신문을 통한 뉴스 소비의 시대는 지나도 진작 지났다. 하지만 저널리즘의 생산 창구로서 신문사들이 가진 역량은 변하지 않는다. 답은 간단하다. 모바일 터닝이다. 모든 노력과 투자를 모바일로 이동시키면 되는 것이다. 이런 면에서 ≪중앙일보≫는 한국판 ≪뉴욕타임스≫의 혁신을 위한 노력을 이어가고 있는 대표적인 사례다. 내부에서 안 되면 외부에서 방법을 찾으면 된다. 이석우 카카오 전 대표를 디지털 총책으로 영입한 ≪중앙일보≫의 전략은 이런 면에서 탁월하다. 더욱이 지면을 줄이고 나머지 인력과 돈을 모바일로 넘기겠다는 것이야말로 자기 파괴적이다.

신문이 움직이기 시작했다면 이제 방송도 움직일 수밖에 없다. 하지만 대부분의 방송사들은 사실상 '멍한' 모습이다. 아직은 괜찮다는 것이다. 내가 10년 넘게 몸담고 있는 YTN 역시 전체 수익의 90% 이상이 여전히 방송을 주축으로 이뤄진다. 모바일 같은 디지털 영역에서 벌어들이는 돈은 정말 빙산의 일각에 불과하다. 그래서 많은 간부급 기자들은 아직 절실함을 느끼지 못한다. 그래서 나는 생각한다. '이제 우리는 뒤처지는 일만 남았구나.'

다행인지 불행인지 모르겠지만 국내 대부분의 방송사들의 상황이 우리의 상황과 크게 다르지 않은 모습이다. 여러 차례 언급했던 SBS와 JTBC 정도를 제외하고는 거의 넋을 놓고 있다. 디지털뉴스팀 같은 실무 부서에서 일하는 사람들은 각 방송사 디지털 담당자들이 페이스북이나 카카오에 올리는 글만 봐도 해당 회사의 현재 위치를 가늠할 수 있다. 모바일 콘텐츠를 어떻게 유통해야 하는지, 페이스북 3초의 법칙을 인지하고 있는지 등을 단박에 포착할 수 있다. 쉽게 말해 딱 보면 아는데, 딱 봐도 대부분 아무런 전략이 없다. 실제로 확인을 해봐도 전략이 없다. 아주 순진해 빠진 무전략의 상황에 대부분 노출돼 있는 것이다. 어쩌면 자기 파괴적 혁신의 노력을 서둘러도 시원찮을 상황에서 스스로 파괴하며 종말을 자초하고 있는 것이 대한민국 레거시 미디어의 현실이 아닐까 하는 생각이 든다.

: 넷플릭스의 자기 파괴적 혁신이
우리에게 던지는 시사점

한창 페이스북에 몰입해 있을 때 나는 거의 폐인 상태였다. '페북 폐인'이라는 말이 어울릴 정도로 밥을 먹든 책을 보든 자다 깨든 언제 어디에서나 페이스북, 페이스북이었다. 그래서 우리의 파트너사가 넷플릭스 셋톱박스를 출시했다며 한번 써보라고 건넸을 때도 그다지 눈길이 가지 않았다. 더 정확히 말하면 넷플릭스에 눈길을 줄 여유가 없었다. 그때까지만 해도 나는 넷플릭스에 대해 〈하우스 오브 카드House of Cards〉 같은 드라마 콘텐츠를 만드는 회사 정도로만 알고 있었다. 내 수준은 겨우 이 정도였다.

넷플릭스에 좀 더 관심을 기울이게 된 것은 페이스북 피드에 올라온 넷플릭스와 관련한 한 단어 때문이었다. 바로 '넷플릭스드Netflixed'라는 단어다. 미국 시장에서는 넷플릭스에게 당했다는 의미를 사용할 때 '넷플리스드 됐다'라는 표현을 쓴다고 한다. 이게 무슨 의미일까. 넷플릭스가 혁신을 이뤄 기존 시장의 지배자가 시장에서 사라지거나 큰 손실을 안게 되는 현상, 즉 '넷플릭스드'였다.

넷플릭스는 파괴적 혁신을 말할 때 대표적인 사례로 거론된다. 물론 처음에 이 회사는 비디오 대여점에 불과했다. 지난 1997년 설립된 넷플릭스는 당시 말 그대로 비디오와 DVD를 대여해주는 회사였다. 그런데 그들은 비디오와 DVD의 대여 개념을 완전히 바꿔버렸다. 사람들이 대여점에 갈 필요가 없게 만든 것이다. 넷플릭스는 온라인으로 보고 싶은 영화를 선택하면 우편으로 보내주는 방식을 사용했다. 새로운 대여 모델을 만든 것인데, 미국 시장에서 난리가 났다. 2002년 상장에 성공했고, 2005년에는 회원 수 400만 명을 훌쩍 넘어섰다. 넷플릭스가 새로운 모델로 기존 시장을 흔들어놓으면서 기존의 비디오 대여 체인의 매머드급 주자였던 블록버스터Blockbuster는 결국 견뎌내지 못하고 문을 닫았다. 직원만 6만 명에 달했던 회사가 사라진 것이다. '블록버스터'라는 시장 지배자는 넷플릭스의 혁신으로 '넷플릭스드'된 것이다.

파괴적 혁신의 대명사가 된 넷플릭스는 2007년에 새로운 혁신에 나선다. 영상 콘텐츠를 담은 비디오나 DVD를 사용자에게 보내주는 것이 아니라 아예 영상 자체를 온라인으로 보내기로 한 것이다. 포화 상태에 이른 기존의 대여 서비스의 사업 비중을 줄이고 새로운 시장을 창출하는 자기 파괴적 혁신을 이끈 셈이다.

이때부터 '온라인 스트리밍' 서비스는 넷플릭스의 상징으로 떠오른다. 여기서 더 나아가 대형 콘텐츠 스튜디오에서 만든 영상 콘텐츠를 온라인으로 스트리밍하면서, 동시에 자체 제작 콘텐츠에 대한 스트리밍도 시작했다. 2012년 〈하우스 오브 카드〉는 말 그대로 대박을 터뜨리며 콘텐츠 제작사로서 넷플릭스의 역량을 확인시키는 계기가 됐다. 또, 이 회사의 비전에 전환점을 만들어주는 사건으로 작용한다. 특히 넷플릭스가 만드는 오리지널 콘텐츠는 수준이 매우 높다. 프로페셔널 콘텐츠다. 스튜디오를 운영하는 기존 프로들과의 경쟁에서 당당히 프로급 콘텐츠를 내놓은 것이다. 그리고 4년 뒤 넷플릭스는 한국을 포함해 전 세계 130개국 이상에서 서비스를 제공하며, 5천만 명을 훌쩍 뛰어넘는 가입자 수를 보유한 회사로 자리 잡았다. 오늘날 미국 지상파 방송사나 아마존, 유튜브 등은 넷플릭스의 온라인 스트리밍 전략을 차용한 것이다.

넷플릭스의 세 번째 자기 파괴적 혁신은 콘텐츠 영역의 확대다. 기존의 드라마나 다큐 제작이 아니라 영화 제작에 나서면서 영화 유통과 배급 시장에도 위협적인 요인으로 지목되고 있다. 그 첫 작품이 바로 봉준호 감독의 〈옥자〉다. 제작비 5천만 달러, 한화로 600억 원에 달하는 돈을 모두 넷플릭스가 투자했다. 이 영화는 넷플릭스의 첫 제작 영화라는 점에서도 의미가 있지만, 한국 영화 사상 가장 많은 제작비가 들어간 작품으로 기록되기도 했다.

영화 〈옥자〉는 개봉 방식만 봐도 넷플릭스의 혁신적 전략이 담겨 있음을 알 수 있다. 이 영화는 극장과 넷플릭스에서 동시에 개봉한다. 기존에 채널 플랫폼을 통해 극장 개봉작을 보기 위해서는 3~6개월 정도 걸리는데, 이 관례를 없앤다는 것이다. 이게 누구한테 이득이 되는 전략일까? 넷플릭스는 철저히 개인화 전략의 일환이라고 설명한다. 집중해서 영화를 보고 싶은 사람은 극장으로, 집에서 편안하게 보고 싶은 사람은 넷플릭스로 보면 된다는 것이다. 앞으로 극장 배급 방식에 어떤 변화가 생길 것이라는 점을 관측해볼 수 있는 부분이다.

이처럼 넷플릭스는 창사 20년 만에 미디어 시장을 뒤흔드는 존재로 성장했다. 앞으로 방송과 영화 등 기존 영상 매체 시장이 어떻게 '넷플릭스드' 될지도 위협적으로 느껴진다. 이런 넷플릭스가 방송 시장에 던지는 메시지는 상당히 공격적이며 위협적이다. 넷플릭스의 CEO 리드 헤이스팅스는 2017년 초 창립 20주년을 맞아 일종의 기자회견인 '랩스 데이'를 열고 이렇게 말했다.

> 텔레비전은 유선전화와 같은 운명을 맞게 될 것이다. 호텔에서 유선전화가 없어지듯이, 10년에서 20년 정도 시간이 흐른 뒤에는 지금의 TV가 없어질 것이다.

리드 헤이스팅스의 이 말만 놓고 봐도 지금의 대한민국 방송사들이 어떻게 뉴스 콘텐츠를 만들고 자기 파괴적 혁신을 해야 하는지 그 이유는 아주 분명해진다.

프로페셔널 뉴스 콘텐츠를 만들어야 한다. 다양한 플랫폼에 동시 개봉해야 한다. 더 이상 온에어와 온라인을 상하위 개념으로 볼 수 없고 그럴 수도 없다는 의미다. 이 두 가지를 위해서 우리는 자기 파괴적 혁신을 해야 한다. 이것이 선택의 문제가 아니고 생존의 문제라는 점을 더 빨리 인식하는 주체가 대한민국 시장에서 뉴스 콘텐츠의 주도권을 갖는 승자가 될 것이라고 나는 확신한다.

: 아마추어 콘텐츠와
프로페셔널 콘텐츠 사이에서

방송사가 유선전화와 같은 운명을 피하기 위해서는 어떻게 해야 할까? 먼저, 모바일 터닝 전략을 세워서 힘을 쏟는 것이 기본전제가 돼야 한다. 모바일 뉴스 소비자 수가 늘어나는 등 모바일의 파급력에 대한 맞춤형 전략이 필요하다. 기존의 TV 브라운관 시대의 레거시 양식을 과감히 버리는 파괴적 혁신은 불가피하다.

모바일 터닝 전략이 세워진 다음의 방점은 콘텐츠다. 어떤 콘텐츠를 만들 것인가, 어떻게 모바일 친화적인 콘텐츠를 만들 것인가 하는 점이다. 이미 각 언론사들은 모바일 전용 콘텐츠를 만들고 있다. 하지만 신문과 방송 전용 콘텐츠와 모바일 전용 콘텐츠의 질적 격차는 여전히 벌어져 있다. 일부 언론사 몇 곳을 제외하고는 모바일 전용 콘텐츠 제작에는 기자보다는 기자들이 관리하는 인턴 또는 모바일 전용 콘텐츠 제작자들이 투입된다. 그렇다 보니 저널리즘의 프로페셔널 콘텐츠보다는 모바일 트래픽 유입용 콘텐츠가 훨씬 더 많이 제작된다. 이 글을 읽는 바로 지금도 카카오톡에 들어가 카카오 채널에 걸려 있는 기사들을 확인해보면 상황을 쉽게 인식할 수 있다. 대한민국의 내로라하는 언론사들의 브랜드를 내건 기사들을 보면, 연예인 누구의 화장기 없는 얼굴, 청순하던 걸그룹의 파격 변신, 외국인을 충격에 빠뜨린 한국식 숫자 세기 등의 스내커블 콘텐츠가 대부분이다. 언론사의 브랜드를 가진 모바일 콘텐츠의 한계점을 여실히 드러내는 지점이다.

나 역시 디지털뉴스팀장으로 일하면서 모바일 콘텐츠를 만들 때 가장 괴로웠던 지점이 콘텐츠의 레벨과 수위를 맞추는 것이었다. 트래픽을 위한 모바일 콘텐츠와 저널리즘의 양식을 갖춘 모바일 콘텐츠 사이에서 접점을 찾고 싶었다. 하지만 대한민국 언론사의 디지털 부문 실무자들은 대부분 '트래픽의 노예'가 될 수밖에 없다. 방송사 편성 책임자들이 '시청률의 노예'가 될 수밖에 없는 것과 마찬가지 이치다.

그래서 필요한 것은 프로페셔널 콘텐츠다. 저널리즘의 가치를 담아내면서도 모바일에서 소비되는 콘텐츠가 필요하다. 저널리즘을 아는 저널리스트가 이 영역을 담당하는 것이 정답인 것 같다. 기자들이 모바일 전용 콘텐츠 제작에 적극적으로 뛰어들어야 한다. 국내외에서 모바일 혁신 깨나 한다는 언론사들은 하나같이 이런 형식을 취하고 있다. ≪뉴욕타임스≫, ≪워싱턴포스트≫, ≪가디언≫과 같은 해외 언론을 비롯해, 국내에서는 SBS와 ≪중앙일보≫가 이미 레거시 시스템에서 모바일 터닝을 위해 적극적인 노력을 쏟고 있다.

모바일 영역에서 프로페셔널 콘텐츠가 성공할 수 있다는 점을 가장 잘 보여주는 곳은 뭐니 뭐니 해도 ≪뉴욕타임스≫다. 혁신 전략을 짤 때 ≪뉴욕타임스≫ 혁신보고서는 고전과 같은 위상을 가지게 됐다. 물론 100년이 지나도 살아남을 생명력을 가졌다는 의미에서의 고전이라기보다, 100년의 역사가 넘는 해외 유수 언론사 역시 모바일 터닝시대에서 살아남기 위해 얼마나 고군분투했는지를 담고 있다는 점에서 다른 언론사들에게 고전적인 바이블이 될 수 있다는 의미다. 더욱이, 이 보고서는 혁신을 잘하기 위한 'How to'의 개념을 담고 있기보다, 혁신을 위해 끊임없는 시도와 실패를 했다는 점을 담고 있다. 그래서 더 큰 의미를 지니는지도 모르겠다.

≪뉴욕타임스≫의 혁신 노력이 보여준 가장 큰 미덕은, 모바일 혁신에 성공하기 위해서 레거시 미디어가 반드시 스내커블 콘텐츠 양산에 주력할 필요가 없다는 점이다. 레거시 미디어는 적어도 스내커블 콘텐츠 생산에서 신생 미디어 기업을 따라갈 수 없다. 국내의 경우 '인사이트'나 '위키트리' 같은 페이스북 페이지들을 보면 쉽게 느낄 수 있다. 이들에게 저널리즘의 원칙은 중요하지 않다. 오직 트래픽뿐이다. 그래서 일각에서는 이들을 큐레이션 미디어라고 부르지만, 나는 이런 호칭에 반대하는 입장이다. 기존 언론사들의 기사를 큐레이션하려면 합당한 지불을 해야 하지만, 이들은 그냥 가져다 사용한다. YTN의 경우에도 큐레이션

미디어들이 기사를 마구잡이로 가져다 사용하거나 화면을 캡처해 사용하면서 출처를 밝히지 않는 사례가 많아 항의한 적이 한두 번이 아니다.

그렇다면 레거시 미디어와 신생 모바일 기사를 생산하는 매체들의 차이점은 한층 더 분명해진다. 레거시 미디어는 자신들이 가진 강점을 활용해 모바일 터닝 전략을 짜면 된다는 점이다. 수십 년의 경험과 노하우를 모바일에 맞게 이식하면 된다. ≪뉴욕타임스≫는 바로 이 일을 해낸 것이다.

예를 들어 지난 2014년에 영화 〈노예 12년12 Years a Slave〉이 아카데미상을 수상하자 ≪뉴욕타임스≫는 161년 전에 작성된 ≪뉴욕타임스≫의 관련 기사를 SNS 플랫폼에 올렸다. 이 기사는 1853년 1월 20일에 작성된 기사다.˙ 결과는 '대박'이었다. 수십, 수백 년의 역사를 가진 레거시 미디어가 모바일 신생 미디어와 어떤 차별점을 이끌어낼 수 있는지를 분명히 보여주는 사례로 시장은 받아들였다. 1년 뒤, 10년 뒤에도 소비되는 이른바 '에버그린 콘텐츠'로서 콘텐츠의 차별화에도 성공했다.

혁신보고서는 〈노예 12년〉의 사례를 이렇게 평가했다. "디지털 세상에서 ≪뉴욕타임스≫의 풍부한 기사 아카이브는 다른 경쟁자들에게는 없는 분명한 장점 가운데 하나다. 1851년부터 ≪뉴욕타임스≫가 보유하고 있는 기사는 1472만 개다." 아무도 따라 할

˙ 해당 기사의 전문. http://query.nytimes.com/mem/archive-free/pdf?res=9e03eedc1438e334bc4851dfb7668388649fde

수 없는 절대 강점을 레거시 미디어는 소유하고 있는 셈이다. 뉴미디어 신생 매체들이 감히 따라 할 수 없는 프로페셔널 콘텐츠는 이렇게 만들어질 수 있다. 모바일 터닝시대에 레거시 미디어가 살아남을 수 있는 이유를 설명해주는 부분이기도 하다.

한국에서 레거시 미디어의 최대 장점을 활용한 에버그린 콘텐츠 작성은 아직 제대로 이뤄지지 못하는 모습이다. 여전히 대부분의 언론사들이 레거시 영역에만 집중하고 있기 때문이다. 대한민국 최대 레거시 방송 미디어인 지상파 매체의 경우 SBS를 제외하고는 이렇다 할 모바일 혁신 성공 사례를 보인 곳이 없다는 점은 참으로 안타까운 부분이다.

디지털·모바일 혁신은 선택이 아닌 필수다. 그렇지 않으면 살아남을 수 없다. 나 역시 회사 동료들을 만나면 이런 말을 입버릇처럼 한다. "YTN도 지금 같은 모바일 전략으로 가다가는 10년 뒤에 망할 것 같다." 물론 내가 몸담은, 내 청춘을 바친 회사가 당연히 망해서는 안 된다. 그 정도로 우리가 중요한 미디어 격변의 시기에 놓여 있다는 사실을 모두가 알아야 한다는 것이다. 이런 인식이 전제가 되어야 모든 변화가 가능하다. 프로페셔널 콘텐츠든 에버그린 콘텐츠든 말이다.

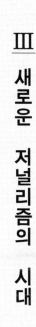

III

새로운 저널리즘의 시대

우리의 일상이 빠르게 디지털화되고, 뉴스 콘텐츠의 종류와 제작 방식이 바뀌고, 새로운 형태의 큐레이션 미디어들이 등장하는 상황에서 저널리즘의 가치는 어떻게 지켜야 하는 것일까. 그 어느 때보다 스마트폰 사용자들의 직접적인 매체 참여가 늘어나면서 참여저널리즘의 문 또한 크게 열리게 됐다. 뉴스 소비자가 뉴스 제작에 관여하고 뉴스 제작자 또한 소비자의 필요에 더 의존하게 된 새로운 양식의 참여저 널리즘의 도래. 이 같은 디지털 혁신의 시대에서 우리는 저널리즘의 본령을 어떻게 규정해야 할까.

: 새로운 양식의 참여저널리즘 ❶
제보

지난 2016년 9월 경주 강진 발생 당시에 굳이 짐작하지 않아도 될 정도로 보도국은 난리가 났다. 편집부는 특보 체제로 전환되고 각 지역 주재 기자들은 현장으로 급파되어 취재에 나섰다. 현장의 생생한 영상을 얼마나 다채롭게 확보할 수 있는지 역시 관건이었다.

시대가 바뀌어서 그런지 이런 대형 재난이 터지면 디지털 부문도 한바탕 난리를 겪게 된다. 바로 제보 때문이다. 경주 지진의 경우에도 지진 발생 2분 뒤부터 제보 영상이 쏟아져 들어왔다. 이후 3~4시간 동안 들어온 지진 관련 영상만 1200여 건. 온에어는 온에어대로 온라인은 온라인대로 제보 영상을 활용해 콘텐츠를 양산하고 각자의 플랫폼에 적극적으로 활용한다.

태풍 '차바' 당시에도 상황은 비슷했다. 생생한 피해 현장의 모습을 담은 영상들이 속속 들어왔고, 괜찮은 영상이 너무 많아서 어느 영상부터 사용할지 분에 넘치는 고민도 했었다. 차바 북상 당시에도 당일에만 천 건에 가까운 피해 영상이 쏟아지면서 온에어와 온라인의 플랫폼을 아주 풍성하게 만들었다.

그러고 보면 기간제 교사 폭행 모습이 담긴 영상이나 DMC역 심폐소생녀 사건, 오사카 버스 티켓 혐한 사건들 모두 모바일 제보 CMS를 통해서 확보된 것들이다. 디지털 부문이 디지털과 온에어의 역량 강화를 위해 구축한 모바일 제보 CMS를 통해 확보된

<그림 9> YTN 제보 시스템 워크 플로

▲제보영상 아웃타이틀 일러스트

▲YTN 모바일제보CMS　　　　▲제보영상 TV On-Air 화면　　　　▲YTN 스마트폰 앱 제보영상

영상이 YTN 브랜드의 전체 플랫폼에 상당한 영향력을 행사하고 있는 셈이다.

　모바일 제보 CMS는 철저히 스마트폰 시대에 발맞춘 기획 작품이다. '4천만 스마트폰 이용자들이 하루 한 장씩만 제보 사진을 보낸다면' 또는 '4천만 명 가운데 10%만이라도 제보 영상을 보낸다면'이라는 간단한 아이디어가 모바일 제보 CMS의 탄생의 시발점이다. 사실, 제보 시스템은 국내외 모든 언론사가 가지고 있다. 하지만 관리하는 방식과 양식은 모두 다른데, YTN 제보 CMS는 모바일 터닝시대에 발맞춰 개발 운영되고 있다는 점이 가장 큰 차이점이다.

　우선 제보가 간단하다. 제보하고 싶은 상황을 목격하면 스마트폰의 YTN 애플리케이션을 작동시키고, 제보 배너를 클릭해 영상을 찍고 완료 버튼 하나만 누르면 끝이다. 2013년 첫 구축 이후 끊임없이 진화하고 있는 제보 CMS에는 1년에 3만 건에 달하는 영상이 들어온다. 물론, 이는 YTN 애플리케이션을 통해서 들어온 것이고 전화나 이메일 등 다른 경로를 통해 들어오는 것까지 합하면 그 수는 더 크게 늘어난다.

체계적인 제보 CMS의 구축이 가져다준 것은 단순한 제보 접수에서 나아가 참여저널리즘 기틀의 확립이다. 누구나 쉽게 원하는 화면을 제보할 수 있고, 이는 온에어와 온라인에서 적극적으로 활용된다. 특히 재난 상황이 벌어질 경우 본방송과 모바일 플랫폼은 대부분 제보 영상으로 채워진다. 보도국이나 디지털 부문이 직접 확보한 영상은 아주 소수에 불과하다. 다시 말해, 시청자들이 보낸 영상이 온에어와 온라인의 중심에 서게 된 것이고, 결과적으로 시청자들의 참여를 통해 제작이 이뤄진다는 의미다.

참여저널리즘의 위력은 생각보다 강하다. 시청자가 보낸 제보 화면과 내용의 임팩트에 따라 뉴스의 경중이 가려지고 사회의 이슈가 만들어지기 때문이다. 임팩트 없는 영상이 소수로 들어온다면 그것은 제보 시스템에도, 시청자 참여에도 의미를 부여하기 어렵다. 하지만 강력한 임팩트를 지닌 제보가 끊이지 않는 선순환 체제를 구축했을 때는 상황이 달라진다. 시청자들은 방송의 관찰자에서 나아가 직접 참여자로서 행동하게 되고 어젠다 설정에 깊숙이 관여하게 된다. 기간제 교사가 폭행당하는 영상 하나가 기간제 교사의 처우를 공식적으로 논의하는 기폭제가 되고, 혐한 논란의 핵심을 담은 사진 한 장이 외교부를 움직이게 한다.

때로는 잔잔한 감동을 주는 영상 하나가 사회적 감동과 위안을 안겨 주며 공기로서의 역할을 해낸다. 이 모든 힘은 이제 언론을 통해서 나오지 않는다. 시청자들의 참여를 통해서 창출된다.

스마트폰으로 대표되는 모바일 시대의 첫 단추, 다시 말해 디지털 대응 전략의 첫 단추는 일단 모바일 제보 CMS를 통해 채워진 모습이다. 이를 통해 참여저널리즘의 물꼬가 터졌고, 너도나도 얼마든 언론의 어젠다 세팅에 영향력을 행사할 수 있게 됐다. 민주주의의 가치와도 맞닿아 있는 부분이다.

어찌 보면 참여저널리즘의 증대는 레거시 미디어에게는 위협요인이 될 수도 있을 것 같다. 언론으로서 공적 기능을 수행하는 데 의구심이 들게 만들고 있는 기존 언론들이 참여저널리즘을 통해 확산되는 민주주의적 가치와 함께할 수 있는지, 그럴 의지와 능력이 있는지는 불투명해 보이기 때문이다.

여러분의 참여가 YTN의 뉴스가 됩니다.

맞는 말이다. 24시간 뉴스를 제작하는 방송사로서 시청자의 참여는 이미 20년 전부터 진행돼왔다. 오늘날 이러한 현상은 일상이 됐고, 더 큰 영향력이 더 빠르고 더 강하게 이뤄지고 있다. 모바일로 뉴스를 소비하고 뉴스를 제작하는 모바일 터닝시대, 과연 기존 언론들은 어떻게 자리매김해야 할까. 이렇게 단순히 시청자들에게 의지한 채 버텨나가는 구조가 기존 언론의 존재 의미에 어떤 영향을 미치게 되는 것일까.

: 새로운 양식의 참여저널리즘 ❷
뉴스 소비자와 생산자의 결합

2017년 설 연휴 기간에 충격적인 영상 하나가 YTN 제보 시스템에 들어왔다. 차량 블랙박스에 담긴 영상이었다. 영상을 보면 제보자의 차량이 차선을 변경하려고 하자, 뒤에 있던 가해자가 경적을 울리며 제보자 차량으로 접근한다. 제보자의 차를 추월해 고속도로 한가운데에 차를 세우더니 남성 두 명이 제보자 차량으로 접근한다. 이 남성들은 제보자의 차를 강제로 열고, 운전석에 있던 제보자를 구타하기 시작한다. 블랙박스는 정면을 향한 상태여서 폭행당하는 모습을 담지는 못했다. 폭행의 정황을 보여주는 음성만 담겼던 것이다. 제보자가 정신을 잃자 옆에 있던 또 다른 가해 남성은 이렇게 말한다. "아빠 그만 때리자." 차 뒷좌석에는 제보자의 70대 중반의 노모와 장애가 있는 동생이 타고 있었다. 제보자는 전치 3주의 상해를 입었고, 가족들 역시 정신적 충격으로 병원 치료를 받아야 했다.

YTN은 이 제보 영상을 가공해 페이스북과 카카오 등 모바일 플랫폼을 통해 유통했다. 반응은 뜨거웠다. 영상을 본 누리꾼들은 공분했고, 경찰 수사로 이어졌다. 한 가지 더 흥미롭게 느껴진 부분은 가해자를 찾기 위해 또 다른 제보자들의 움직임이 이어졌다는 것이다. 한 제보자는 당시 폭행 현장을 목격했다며 조금이나마 도움을 주려는 마음으로 후속 제보를 했다. 특히, 가해자가 블랙박스를 떼는 것도 목격했다며, 일부러 블랙박스를 떼는 것처럼 보였다고 말해 가해자가 사전에 치밀한 계산을 하고 폭행을 행사했다는 정황도 드러났다. 제보는 순식간에 또 다른 제보를 낳고 후속 기사도 잇따라 제작됐다. 그리고 경찰 수사가 본격화됐다.

이 사례만 보면 뉴스 미디어 플랫폼은 단순히 메신저 또는 유통 창구의 역할만 했다고 해도 과언이 아니다. 사실상 제보 영상을 살짝 편집한 정도에 영상을 보고 스케치성의 기사를 얹은 형태다. 즉, 이는 제보에 전적으로 의존해 뉴스가 제작되고 유통되는 대표적 사례다. 더욱이, 방송이라는 레거시 미디어가 완벽하게 뉴스 사용자에게 의존해 보도하는 모습을 보여주는 간단한 사례이기도 하다.

뉴스 사용자는 이미 뉴스 생산에 깊숙이 개입하고 있다. 사용자(제보자)가 확보한 영상은 제보를 통해 레거시 미디어에서 재가공되고, 레거시 미디어가 가진 막강한 유통망을 통해서 빠르게 모바일 세상을 휘저을 수 있는 시스템으로 진화한다. 사용자 스스로 위력 있는 모바일 플랫폼을 활용할 능력이 있거나, 인지도 있는 MCN 스타일인 경우에는 굳이 레거시 미디어에 기댈 필요도 없다. 자신의 유튜브 채널이나 페이스북 페이지를 통해 얼마든지 세상 사람들에게 알릴 수 있고 어젠다 세팅 능력을 발휘할 수 있다. 뉴스 사용자와 뉴스 제작자의 콘셉트가 상당 부분 겹치면서 일체화된 셈이다. 이른바 프로슈머(프로듀서+컨슈머)의 탄생이다.

방송사에게 제보자로서 프로슈머는 모바일 전략을 짜는 데 불가결한 존재다. 물론 프로슈머가 만든 콘텐츠를 방송사의 온에어나 온라인 플랫폼에 바로 싣는 경우는 드물다. 방송사가 방송이나 모바일 포맷에 맞게 재조정하는 작업이 거의 대부분 수반된다. 하지만 기존의 영상만 제보하는 제보자와는 분명히 다르다. 날것 그대로의 영상을 제보하는 경우도 있지만, 1차적인 편집 제작 과정을 거친 영상을 제보하는 경우도 빠른 속도로 늘고 있다. 이렇게 확보된 제보 영상들은 방송사 입장에서는 없어서는 안 될 존재 가치로 격상됐다. 방송사들 역시 이들에게 역할에 맞는 대우를 해준다.

YTN은 대학생 제보자들을 별도로 교육하고 관리한다. 이른바 대학생 모바일 저널리스트다. 이들은 단순 제보자가 아니나. 저널리즘의 원칙을 따르되 모바일 시대에 걸맞은 뉴스 사용의 방법을 익힌 사용자들이다. 더욱이 YTN이라는 브랜드에 대한 충성도가 전제된 경우가 많기 때문에 시간이 좀 더 흐르면서 일선 기자들의 역량 못지않게 중요한 부분을 차지하게 될 것이다.

다른 방송사들 역시 프로슈머의 방송 참여를 꾸준히 독려한다. 이들이 없어서는 안 될 존재라는 점은 이미 방송 상식이 됐다. 그래서 많은 미끼를 던진다. 제보 영상을 보내면 커피 쿠폰을 준다거나 아예 현금을 지급하는 경우도 있다. 방송사들 입장에서는 비용 측면을 고려할 수밖에 없지만, 장기적으로는 브랜딩 효과 구축을 위한 투자에 더 가깝다고 판단한다. 이들은 기본적으로 제보자라는 타이틀을 가지고 있지만 충성도 높은 사용자로 진화할 가능성이 크기 때문이다.

모바일 터닝시대에는 참여저널리즘의 양상 또한 변모한다. 더 정확히 말하면 기존 제작자인 레거시 미디어와 새로운 제보자인 프로슈머 모두를 변하게 만든다. 방송사는 살아남기 위해서 이들을 활용하고, 프로슈머들은 자신들의 목소리를 분출하기 위한 민주주의 구현의 창고로서 방송사를 활용한다. 서로가 서로의 니즈를 충족하는 기본적인 모델 구조는 이미 구축된 셈이다.

물론, 통상적으로 방송 뉴스에서 프로슈머의 영역은 아직 제한적이다. 통상 사건·사고 또는 재난 등의 이슈가 벌어졌을 때 이들은 빛을 발한다. 정치, 경제 등 전문 영역이나 취재기자의 취재 능력이 담보되는 영역에는 아직 프로슈머들이 들어갈 공간이 없다. 전문성이 담보돼야 하는 영역은 전문 교육을 받은 기자의 영역으로 남겨두는 것이 저널리즘의 가치를 지키는 원칙이 될지도 모르겠다. 분명한 것은 생활 이슈, 사회 이슈에는 이미 프로슈머들의 어젠다 세팅 능력이 십분 발휘되고 있다는 사실이다. 그들은 능동적으로 참여하고 적극적인 목소리를 낸다. 2016년 연말과 2017년 연초 광화문을 밝혔던 촛불의 힘을 창출한 주체는 언론이 아니었다. 그것은 시민의 참여에서 시작됐다. 이들의 참여가 저널리즘의 영역을 움직이게 했고, 우리 사회를 흔드는 미디어 어젠다를 탄생시켰다. 그 위력은 모바일이라는 새로운 영역과 만나면서 폭발적 참여를 이끌어냈다. 벨기에 교민들이 페이스북으로 광화문 촛불집회 생중계를 보면서 그들 역시 현지에서 촛불집회를 개최했다. 이 같은 참여저널리즘의 양상을 어떻게 분석할 수 있을지도 흥미로운 이슈다. 새롭게 세상을 만드는 모바일 시대, 과연 저널리즘의 영역과 참여저널리즘의 모습은 또 어떻게 진화할 것인가.

In-Depth Summary

—

역 어젠다 세팅(Reverse Agenda Setting)

미디어의 효과를 이야기할 때 빠지지 않는 것 가운데 하나가 '어젠다 세팅 효과'다. 언론이 특정 사안을 집중적으로 보도하면 뉴스 소비자가 그 사안을 중요하게 인식하는 효과를 의미한다. 수많은 뉴스를 모두 방송할 수 없고 신문에 실을 수 없기 때문에 언론은 무엇이 중요한 이슈인지를 설정한다. 이 같은 게이트키핑gate keeping의 과정을 통해 어젠다가 설정되고, 뉴스 수용자들은 그것을 중요하게 인식한다는 것이다.

하지만 이 같은 어젠다 설정은 이미 고전적인 것으로 인식된다. 우리가 살고 있는 모바일 터닝시대에는 스마트폰 하나만 있으면 누구나 어젠다를 설정할 수 있기 때문이다. 매스미디어가 아닌 뉴스 수용자의 어젠다 설정, 바로 '역 어젠다 세팅'이다.

역 어젠다 세팅은 이제 뉴미디어 현실에서 흔하게 벌어지는 일이다. 제보자가 보낸 '기간제 교사 폭행 사건' 영상 클립 하나면 거의 모든 언론이 '기간제 교사가 학생들에게 폭행당하는 현실'에 주목한다. 미디어가 설정한 어젠다의 출발점이 뉴스 수용자인 셈이다.

역 어젠다 세팅의 특이점 가운데 하나는 좋은 뉴스가 부각된다는 점이다. 언론은 생리적으로 좋은 뉴스보다는 나쁜 뉴스를 선호한다. 누군가의 선행보다는 악행이, 미담보다는 사건·사고 소식이 방송 뉴스와 신문 지면을 더 많이 차지하는 이유다. 그런데 역으로 어젠다 설정이 가능해지면서 반전된 현상이 자주 목격된다. 지하철역에서 쓰러진 남성을 심폐소생술로 살린 이른바 DMC 심폐소생녀 사건이나 상주 터널 버스 화재 당시 활활 타오르는 버스 안으로 승객을 구하기 위해 뛰어든 시민 영웅의 모습 같은 소식은 모두 언론의 어젠다 세팅에서 시작된 깃이 이니라 뉴스 소비자의 손끝에서 시작된 역 어젠다 세팅을 통한 것이었다. 다시 말해, 모바일 터닝시대에는 뉴스 수용자의 적극성이 더욱 부각된다. 수동적으로 뉴스를 받아들이는 것이 아니라 능동적·적극적으로 뉴스를 소비하고 어젠다를 설정한다. 참여저널리즘을 꽃피우는 것은 바로 능동적 뉴스 소비자들의 역 어젠다 설정인 셈이다.

: 언론사 독자 플랫폼 vs. 외부 플랫폼,
정답은 무엇인가?

YTN 보도국에서 제작되는 방송 콘텐츠는 기본적으로 온에어 방송 플랫폼에 송출된다. 또 방송 뉴스 콘텐츠와 더불어 디지털 뉴스팀에서 제작하는 온라인 콘텐츠 등은 YTN 홈페이지를 기본 축으로 네이버와 다음 등 포털 사이트에도 함께 전송된다. 여기에 더해 페이스북이나 카카오, 유튜브 같은 글로벌 모바일 플랫폼에도 실린다.

YTN이 자체 구축한 플랫폼은 크게 보면 방송, 홈페이지, 모바일 홈페이지로 세 가지뿐이다. 페이스북이나 카카오 같은 모바일 플랫폼이나 네이버와 다음 등의 포털 사이트 등은 모두 YTN이 소매점주로 들어가 있는 백화점 같은 외부 플랫폼일 뿐이다.

아무리 언론사라고 해도 플랫폼은 절대 갑이다. 굳이 횡포를 부리지 않더라도 을의 입장인 언론사는 갑이 마련해준 플랫폼에서 장사를 할 수밖에 없다. 정해진 양식과 나름의 규칙이 있다. 페이스북이나 카카오 같은 국내외 플랫폼의 담당자들과 디지털 실무진들은 종종 미팅을 하는데, 이때 꼭 빠지지 않는 이야기가 '이럴 때는 YTN이 이렇게 하지 않아주시면 좋겠습니다'이다.

표면적으로는 굉장한 예의를 갖춘 듯 보이지만 이 말의 속뜻은 '니들 이런 식으로 하면 곤란해'를 말하는 경우가 많다. 겉으로 언론사를 예우하는 듯하지만 실상은 누가 갑이고 을인지 굳이 말하지 않아도 너무 명백한 셈이다.

그래서 언론사들의 하나같은 고민 지점은 독자 플랫폼 구축 여부에 모인다. 페이스북이나 카카오가 아닌 독자적인 모바일 SNS 플랫폼을 구축하는 것이다. 그렇게라도 해야 플랫폼 종속 현상에서 벗어날 수 있지 않겠냐는 의미다. 이게 말은 쉬운데, 독자 플랫폼은 자칫 모든 걸 집어삼키는 카오스를 유발할 수도 있다. 이유는 간단하다. 사람들은 YTN의 콘텐츠를 굳이 YTN의 플랫폼에서 소비하려는 행동 패턴을 가지고 있지 않기 때문이다. 실제로 YTN의 경우만 하더라도, YTN의 독자 플랫폼을 통해 유입되는 소비자들은 전체의 10~20%에 불과하다. 20%라는 것도 아주 호의적으로 표현한 숫자다. 실제로는 10% 안팎이 현실적인 지수다. 그럼 나머지 80~90%의 소비자들은 어디서 들어오느냐? 바로 외부 플랫폼이다. 쉽게 말해 사람들은 YTN의 모바일 애플리케이션을 통해서 뉴스를 소비하지 않고, 페이스북이나 카카오 채널, 네이버, 다음 등 외부 플랫폼을 통해 유입되는 YTN의 콘텐츠를 소비하는 것이다.

포털 사이트나 글로벌 플랫폼에 대한 언론사의 종속성이 더 커질 수밖에 없는 이유는 바로 이 지점에 있다. 한때 나 역시 독자 플랫폼 구축 미션을 받고 골똘히 몇 날 며칠을 고민하기도 했다. 그러나 답이 보이지 않았다. 독자 플랫폼을 구축하는 데 많은 시간과 돈을 투입하기에는 브랜드 자체를 통한 트래픽 유입은 너무 비율이 낮았다. 가격 대비 성능의 비율, 즉 가성비가 떨어진다는 판단을 내릴 수밖에 없었다. 사정이 이렇다 보니 언론사들은 울며 겨자 먹기로 지방에 아파트를 살 여유가 있으면서도 '강남 세

입자 신분'을 감수해가며 페이스북, 카카오 등에 입점할 수밖에 없는 것이다.

독자 플랫폼에 대한 미련을 확실하게 버린 계기는 카카오 때문이었다. 카카오 채널 개편으로 카카오톡을 통해서 뉴스 콘텐츠가 공급되자 전혀 예상치 못했던 수위의 콘텐츠 소비가 이뤄졌다. 하루치 트래픽을 훨씬 웃도는 트래픽이 카카오에서만 발생했다. 그때 확실하게 깨달았다. 우리는 이미 '강남 전세'의 강력한 매력에 사로잡혀 있고, 강북 아파트든 수도권 전원주택이든 도저히 선택할 수 없다는 마약 같은 무엇에 빠져 있다는 점을 말이다.

물론, 그렇다고 이렇게 외부 플랫폼에 마냥 종속된 상황을 이어갈 수만도 없는 노릇이다. 사람들을 끌어모을 수 있는 독자 플랫폼을 과연 어떤 방식으로 언제쯤 현실화할 수 있을까. 모르긴 몰라도 페이스북이나 카카오에서 유입되는 트래픽이 새로 개발한 언론사 자체 독자 플랫폼에서 유입된다면 모바일 터닝시대의 주도권은 그곳이 가져갈 것이다.

: 가짜 뉴스 ❶
모바일 터닝시대, 저널리즘의 적

탄핵 정국에서 촛불집회는 참 많은 뉴스를 만들어냈다. 온에어, 온라인 할 것 없이 뉴스는 넘쳐났고 뉴스에 대한 관심도 높아졌다. 방송사들의 시청률도 평시보다 늘었고, 디지털 부문에서도

PV/UV 같은 디지털 지표도 급등했다.

보수 단체가 일당을 주고 탄핵 반대 집회 참가자를 모집한다는 아이템도 수많은 뉴스 아이템 가운데 하나였다. 보수 단체 대표가 인터넷 홈페이지를 통해 일당 15만 원에 촛불 반대집회 참가자를 모집한다는 공지였다. 디지털뉴스팀의 모바일 피디는 해당 아이템을 기사화했고, 페이스북과 카카오 채널 등을 통해 상당한 트래픽을 끌어모았다. 그때까지는 기사를 최종 승인한 나 역시 수많은 승인 기사 중의 하나로 생각했을 뿐 별다르게 생각하지 않았다.

그런데 느닷없이 검찰에서 연락이 왔다. 해당 보수 단체 대표는 그런 공지 글을 올린 사실이 없고, 노르웨이에 서버를 둔 해커가 홈페이지 해킹을 통해 공지 사항을 올렸다고 주장했다. 검찰이 확인을 했더니 사실로 드러났고, 결과적으로 우리 팀의 모바일 피디는 허위 보도 혐의가 적용된 피고발인 신분으로 검찰 조사를 받아야 했다.

해당 기사를 최종 승인한 팀장으로서 마음이 급해졌다. 내가 승인한 기사 때문에 내 팀원이 검찰 조사를 받게 된 것이었다. 법률적인 대응과 준비가 필요했다. 법조기자 출신이라는 점을 활용해 인맥을 활용할까 하는 생각도 들었다. 하지만 검찰이라는 정부 기관과 YTN이라는 언론사의 공식 대응의 프레임으로 대처해야겠다고 판단했다. 회사 법무팀에 자문을 구했고 법무팀 변호사가 성실히 논리 구성을 도왔다.

허위 보도를 의도하지 않았다는 점, 해당 홈페이지 공지 사항을 보면 그것이 해킹당했다는 것을 인지할 수 없다는 점, 우리보다 앞서 ≪한겨레≫ 신문이 선행 보도를 했다는 점 등을 중심으로 허위 보도의 의도성이 없다는 것에 중심을 맞춰 논리를 잡아갔다. 적어도 우리가 가짜 뉴스를 의도적으로 만들어 대대적으로 유통한 것은 아니라는 점을 강하게 주장하는 것이 우리의 전략이었다.

해당 기사를 쓴 모바일 피디는 오후 3시에 검찰에 소환됐다. 조사가 시작되기 전에 검찰 쪽에서 해당 보수단체 대표가 워낙 고발을 남발하는 인물이어서 정상참작 요소가 충분히되고 의견을 줬기 때문에 마음은 그렇게 무겁지 않았다. 그런데 한 시간, 두 시간, 세 시간이 지나 저녁 무렵에 접어들 때까지 연락이 없었다. 뭔가 잘못된 것인가, 우리의 논리 구성이 잘못된 것인가, 혹시 형사처벌 가능성까지 고려해야 하는 상황인가 등등 별별 생각이 다 들었다. 그리고 5시간 만에 전화가 울렸다. 이야기는 잘 되었으며 워낙 세부적인 부분에 대한 조사가 이뤄져서 조사가 길어졌다는 것이다.

물론 검찰은 무혐의 처분을 내렸다. 우리의 논리 구성 방향과 유사하게 검찰도 판단을 한 것이다. 하지만 결과적으로 가짜 뉴스가 된 기사 작성부터 검찰 조사까지의 과정은 우리에게 많은 생각거리를 안겨줬다. 이 사건 역시 디지털 기술의 발달과 모바일 터닝시대의 영향으로 발생한 일이라는 판단 때문이었다.

기사를 쓰는 담당 피디든 기사를 최종 승인한 나든, 그 홈페이지가 노르웨이 어딘가에 서버를 둔 해커가 해킹을 했을 것이라는 점은 꿈에도 생각할 수 없었다. 또 페이스북과 카카오를 통해 대대적으로 유통된 우리의 뉴스 콘텐츠가 결과적으로 가짜 뉴스가 될 것이라는 점 역시 그 누구도 상상할 수 없는 부분이었다.

가짜 뉴스. 말로만 듣고 의식 속에서 생각만 했을 뿐, 내가 가짜 뉴스를 생산하는 일원이 됐을 줄이야. 그렇다면 우리는 어떻게 대응해야 하는 것일까. 유사 아이템을 선정할 때마다 관련 홈페이지에 올라온 글들이 혹시 중국이나 북한에 서버를 둔 해커가 조작한 것은 아닌지 일일이 의심을 해야 할까? 그런 의심이 과연 실효성 있는 합리적인 의심으로서의 효과가 있는 것일까? 모바일 퍼스트 시대가 안겨준 또 하나의 고민거리이자, 모바일 터닝시대에 저널리즘의 가치를 훼손할 수 있는 쉽지 않은 적군이 등장한 것이기도 하다. 앞으로 기술의 발전이 더해질수록 의도치 않은 가짜 뉴스의 제작과 유통 역시 더욱 확대될 수밖에 없는 환경이 조성될 것이다. 그래서 우리 같은 현장 저널리스트들은 정신을 더 바짝 차릴 수밖에 없다.

: 가짜 뉴스 ❷
가짜 뉴스와 모바일 플랫폼의 시너지: 오보의 확산

개인적으로 트럼프 미국 대통령을 싫어한다. 리더는 기본적으로 덕장의 기질을 우선적으로 갖춰야 한다는 개인적인 판단에 따른 것이다. 내 기준에 트럼프는 적어도 덕장은 아니다. 그의 언행과 정책을 보면 역시나 싶은 경우가 많다. 그래서 공화당 대선 후보 시절 트럼프의 "여성 대통령의 끝을 보려면 한국의 여성 대통령을 보라"는 발언이 우리 방송을 통해서 나왔을 때도 '역시 트럼프다운 발언이군' 하고 생각했다. 더욱이 저 멘트가 YTN에 방송됐던 2016년 11월은 최순실 게이트로 온 나라가 시끄러울 때여서, 국내에서 트럼프의 해당 발언은 꽤나 관심을 받았다.

그런데 해당 방송이 나가고 회사가 발칵 뒤집어졌다. 트럼프는 그런 발언을 한 적이 없는 것으로 확인됐기 때문이다. 명백한 오보였다. 그리고 출처는 가짜 뉴스였다. 한 페이스북 이용자가 트럼프의 사진과 멘트를 합성해서 올렸는데, 이것이 시류를 타고 급격하게 SNS에서 화제가 됐고, YTN에서 방송되면서 파장을 일으킨 것이다.

추가 방송은 당연히 중단됐고 YTN은 사과했다. 문제는 불똥이 디지털뉴스팀으로 튀었다는 것이다. 온라인·모바일 홈페이지, 네이버와 다음 등 포털 사이트, 페이스북 등 SNS에 올라간 모든 기사를 삭제해야 했기 때문이다. 홈페이지에 올라간 기사는 팀장인 나의 직권으로 삭제하면 된다. 포털 사이트 역시 삭제 요청서를 보내면 삭제가 충분히 가능하다. 문제는 SNS다. 우리 페이스북 페이지에서 해당 게시물을 삭제한다고 해도, 이미 수많은 사람들이 퍼 나르고 페이스북 이외의 플랫폼에도 유통되면서 도무지 걷잡을 수 없는 상황이었기 때문이다. '이것이 바로 가짜 뉴스의 위력인가'라고 체감하게 됐다.

모바일 시대로 접어든 상황에서 가짜 뉴스는 또다시 가짜 뉴스를 양산한다. 가짜 뉴스라는 콘텐츠가 모든 세상을 연결하려는 SNS를 등에 업고 끝을 모를 확산을 하는 셈이다. 기술은 더 발전한다. 그만큼 가짜 뉴스의 확산 속도 역시 빨라질 것이다. 여기에 분화 콘텐츠가 만들어지기도 한다. YTN이 가짜 뉴스에 속았다는 사실이 뉴스의 소재가 되는 것이다. 가짜 뉴스 A는 A´로 분화하며 또 다른 가지치기를 한다.

방송의 속보 경쟁도 가짜 뉴스 확산에 기여하고 있다. 실제로 이런 일도 있었다. 한 뉴스통신사에서 '강원도 횡성 진도 6.5 강진 발생' 속보를 띄웠다. 퇴근 시간 무렵으로 기억된다. 경쟁사가 속보를 띄우면 곧바로 취재팀이 확인을 한다. 그런데 통신사가 띄운 재난 관련 속보라는 점에서 방송편집부가 아직 확인되지 않은 사실을 그대로 받아 방송에 내버렸다. 알고 봤더니 이 역시 오보였다. 타사의 오보를 확인하지 않은 채 그대로 방송하면서 YTN은 가짜 뉴스의 덫에 걸린 결과를 만들어냈다. 이때도 온라인에 나간 기사들을 삭제하느라 진땀 꽤나 뺐던 기억이 난다.

가짜 뉴스의 힘은 생각보다 막강하다. 마음만 먹으면 누구나 만들어낼 수 있고 누구나 확산시킬 수 있다. 방송과 신문이라는 막강한 레거시 미디어조차 가짜 뉴스에 놀아나는 것을 보면, 가짜 뉴스는 언론사의 어젠다 세팅 능력에도 치명타를 입히고 있는 셈이다. 아직까지는 명확한 대안은 없는 것 같다. 언론사 자체의 팩트 확인 시스템과 자정 능력, 언론으로서의 저널리즘 역할을 지켜나가는 것 말고는 없다. 그래서 더 어려운 문제로 느껴지는 것이 바로 가짜 뉴스의 영역이다.

: 가짜 뉴스 ❸
가짜 뉴스와 오보, 같을까? 다를까?

헌법재판소에서 탄핵 심판 변론을 한창 취재할 때다. 재판 취재는 다른 현장 취재와는 결이 조금 다르다. 취재 대상이 재판부, 변호인, 박근혜 전 대통령으로 압축되기 때문이다. 보통의 사건 현장처럼 누구를 찾아서 쫓아다니거나 그럴 필요가 없다. 취재 공간은 대부분 재판정이라는 특정 공간에 한정되기 때문이다.

다른 취재 현장과 비교해 좀 더 힘든 부분은 그 특징 공산에서 벌어지는 모든 멘트 하나하나를 놓치지 않아야 한다는 것이다. 그래서 신경이 곤두서기 나름이다. 특히, 나처럼 멘트 하나하나에 집중하면서 동시에 속보 처리까지 해야 하는 역할을 맡은 사람들은 더 피곤한 영역이기도 하다.

그날 탄핵 심판의 쟁점 가운데 하나는 이재용 삼성 부회장과 신동빈 롯데그룹 회장, 최태원 SK그룹 회장이 과연 탄핵 심판 증인으로 채택될지 여부였다. 나는 직관적으로 채택되지 않을 것이라고 판단했다. 그래서 "헌재, 이재용 신동빈 최태원 증인 신청 기각"이라는 내용의 속보 자막을 미리 만들어서 대기했다. 재판은 시작됐고 최순실 씨와 안종범 전 수석에 대한 증인 채택 소식이 전해지면서 부랴부랴 속보 자막을 작성했고 승인했다. 승인과 동시에 속보 자막은 방송에 나갔다. 그런데 실수를 했다. 내가 사전에 대기용으로 작성해놓은 대기업 회장 관련 자막이 최순실 자막과 같이 나간 것이다. 방송 사고다. 그리고 오보가 됐다.

그나마 다행인 것은 10분 뒤 재판부는 이재용, 신동빈, 최태원 회장에 대한 증인 신청을 기각한다고 결정했다. 다행히 실수로 먼저 내보낸 자막이 오보가 되지는 않았다. 어쩌다 보니 때려 맞춘 결과가 된 것이다.

정상적인 운영 시스템을 가진 언론사는 의도적으로 오보 기사를 만들어내지 않는다. 오보는 사실 확인의 실수에서 빚어진 경우가 대부분이다. 물론 해당 기사의 출처가 되는 취재원이 의도적으로 잘못된 정보를 건네 기사화를 시킬 가능성도 있다. 정보와 역정보 사이에서 기자가 정신을 똑바로 차리지 않으면 오보를 만드는 기자가 될 수 있는 것이다.

이런 면에서 오보는 가짜 뉴스와 명백히 다르다. 2016년부터 가짜 뉴스 이슈가 국내외에서 불거지면서 가짜 뉴스와 오보의 개념이 혼동돼 사용되는 경우가 비일비재하다. 하지만 오보가 가짜 뉴스일 수는 있지만, 모든 오보가 가짜 뉴스는 아니다. 다시 말해, 오보는 가짜 뉴스의 상위 개념이다. 그렇다면 오보와 가짜 뉴스를 구분 짓는 기준은 무엇인가? 여러 요인이 있겠지만 '의도성' 여부가 가장 큰 기준이라고 생각한다. 대체로 가짜 뉴스라고 유통되는 정보들은 정치적이거나 사회적인 반대 진영에서 반대 논리로 조작한 정보가 많은데, 여기서도 방점은 의도성에 찍힌다.

기자는 의도적으로 오보를 내지 않는다. 의도가 있었다면 그것은 개인 차원이 아니라 조직 차원 내지는 정권과의 관련성 등 좀 더 큰 틀에서 일이 벌어질 가능성이 크다. 하지만 가짜 뉴스는 의도성에서 시작된다. 가짜 뉴스를 만들겠다는 의도성 말이다.

과거 텔레비전과 신문의 시대에는 이런 의도성을 가진 가짜 뉴스의 파급력은 미미했다. 전폭적이거나 대대적인 확산의 수단이 모호했고, 헤게모니의 주도권은 레거시 미디어의 영역이었기 때문이다. 하지만 지금의 모바일 터닝시대에는 분명히 다른 양상으로 진행 중이다. 뉴스의 사용자가 제작자로 나서면서 가짜 뉴스 양산에 개입하고 있는 꼴이다.

그렇다 보니, 레거시 미디어 영역에서 신성시 여겨졌던 저널리즘의 가치도 위협받고 있다. 나도 모르게 내가 가짜 뉴스의 유통자가 될 수 있는 환경에 처해졌기 때문이다. 그레도 분명한 한 가지는 가짜 뉴스든 오보든 반저널리즘적이라는 점이다. 그래서 가짜 뉴스든 오보든 일단은 최소화하는 일만이 정답인 것 같다.

: 가짜 뉴스 ❹
가짜 뉴스에 공안검사들도 바빠졌다

기자로 일하다 보면 증권가 정보지인 이른바 '지라시'를 좀 많이 받는다. 예전에 한창 법조기자로 뛸 때는 나 역시 필요에 따라 '지라시'를 만들어 유통하기도 했다. 내가 취재한 아이템이 회사의 판단에 따라 방송이 어렵게 됐을 때 이런 방식으로 정보를 유통하기도 했다. 물론 법에 어긋나지 않는 선에서 말이다.

탄핵 심판 사건의 파급력은 지라시 시장에도 엄청난 영향을 미쳤다. 지라시에서 나아가 아예 진짜 뉴스처럼 제작돼 SNS에 떠도는 정보들도 아주 많았다. 특히 탄핵 선고 전후와 박근혜 전 대통령 검찰 소환 전후에 각종 정보와 역정보, 가짜 뉴스가 혼합된 지라시들이 유통됐다. 지라시라고 무조건 가짜 뉴스의 소재가 되는 것은 아니다. 문제는 정보를 교란하기 위한 역정보가 정보 행세를 하고, 이 내용이 기사화되는 것이다. 탄핵 심판 선고를 전후해서는 이런 내용의 지라시가 돌았고, 일부는 소형 인터넷 매체가 기사화하기도 했다. 의도성은 모르겠지만 결과적으로 가짜 뉴스가 만들어진 것이다. 내용은 대체로 다음과 같다.

"탄핵 심판은 8대 0으로 기울었다."
"탄핵 심판 기각 의견 2명이 나와서 1명만 더해지면 기각된다."
"박근혜 탄핵 각하 요구 여론이 80%다."
"북한군이 청와대로 진격한다."

가짜 뉴스는 이미 전 세계적인 이슈가 됐다. 2016년 미국 대선에서 프란치스코 교황이 트럼프를 지지한다는 가짜 뉴스가 페이스북을 통해 100만 번이나 공유되면서 선거판을 혼탁하게 만들었다. 전 세계를 연결해 정보를 공유한다는 페이스북에게 가짜 뉴스는 거대한 복병이 된 셈이다.

이처럼 가짜 뉴스가 국내외 주요 이슈로 떠오르고 심각성이 급증한 데다 대통령 선거가 코앞으로 다가온 상황에서 검찰 역시 가만히 앉아만 있을 수는 없는 노릇이었다. 과거 대선이나 총선에서는 향응 접대, 허위 정보를 통한 선거운동 등 주로 오프라인 영역에 단속의 초점이 맞춰졌다. 하지만 SNS의 영향력이 급증하면서 검찰의 단속 범위 역시 모바일 영역으로 확대됐다. 선거를 두 달 정도 앞둔 3월, 대검찰청에서 전국의 공안검사들이 한자리에 모였다. 통상 선거 전에 공안검사들이 모이면 '선거 사범을 어떻게 때려잡을 것인지'가 화두인데 이번에는 좀 달랐다. 당시 김수남 검찰총장의 입에서 가짜 뉴스가 화두로 다뤄진 것이다.

가짜 뉴스의 최초 작성자는 물론 악의적·조직적으로 유포한 사람도 끝까지 추적해 엄벌해야 합니다.

검찰은 특히 IP 추적과 SNS 제공업체에 대한 자료 요청 등으로 가짜 뉴스 작성자와 조직적 유포자를 추적하겠다고 의지를 다졌다. 통화 내역 조사와 계좌 추적은 기본 중의 기본일 뿐이다. 다년간 검찰을 출입하는 기자로 살아온 사람으로서 접하기에 조금 어색한 풍경이기도 했다. 검찰총장이 나서서 IP와 SNS등 디지털 관련 용어를 직접 언급한 것도 조금은 낯설게 느껴졌다.

가짜 뉴스의 폐해를 수치로 나타낸 보고서를 보면 검찰이 움직이지 않을 수 없겠구나 하는 생각이 든다. 현대경제연구원이 지난 2017년 3월 발표한 보고서를 보면 가짜 뉴스가 우리 사회에 미치는 해악이 얼마나 큰지 확인할 수 있다. 보고서에는 실제 기사의 1%가 가짜 뉴스로 집계됐다. 1%에 해당하는 가짜 뉴스 때문에 1년 동안 무려 30조 원의 사회경제적 손실이 발생하는 것으로 나타났다.

연구진은 가짜 뉴스 1건으로 따진 사회적 피해 금액을 5600만 원으로 추산했고, 이는 연간 7조 원 규모로 추정된다고 밝혔다. 개인의 경제적 피해 금액은 5400억 원, 기업의 경제적 피해 금액은 22조 2300억 원에 달했다. 사회적 손실과 개인과 기업의 경제적 손실을 합하면 무려 30조 900억 원에 달한다.ˑ

모바일 터닝시대에 가짜 뉴스는 이미 피할 수 없는 적이 됐다. 하루가 다르게 발전하는 모바일 기술과 기기가 가짜 뉴스에 날개를 달아주는 역설적인 상황이 도래했다. 더욱이 저널리즘의 측면에서도 가짜 뉴스는 저널리즘의 가치와 기준을 위협하는 요인으로 작용할 수 있다. 스마트폰을 통해 수시로 들어오는 각종 지라시를 보면, 진짜 뉴스와 가짜 뉴스의 기준에 대한 경계심을 좀 더 확실히 다잡아야 하는 것만은 분명해 보인다. 그렇지 않으면 우리는 진짜와 가짜를 구별할 수 없는 정보의 홍수 속에서 익사하게 될지도 모른다.

: 가짜 뉴스 ❺
당신은 진짜 뉴스와 가짜 뉴스를 구분할 줄 아는가?

'박근혜·최순실 사태'를 겪고 역사상 전례가 없는 '장미 대선'을 앞둔 2017년 초, 정보 시장은 말 그대로 혼탁의 연속이었다. 정보

ˑ 현대경제연구원, 「가짜 뉴스(fake news)의 경제적 비용 추정과 시사점」(2017.3).

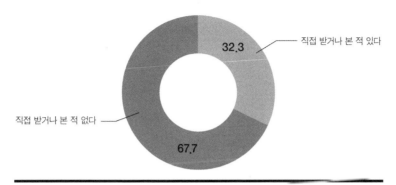

〈그림 10〉 '올해 들어 본인이 가짜라고 판단한 뉴스를
직접 받거나 본 경험'에 대한 응답 비율(%)

직접 받거나 본 적 있다

32.3

직접 받거나 본 적 없다

67.7

자료: 한국언론진흥재단 홈페이지.

와 역정보가 얽히고설키면서 무엇이 진짜 뉴스고 무엇이 가짜 뉴스인지, 무엇이 진짜 정보이고 무엇이 가짜 정보인지 혼란스러운 상황이 이어졌다. 현장 취재를 하는 상황에서도 내가 평소 믿었던 취재원에게서 확보한 정보더라도 '혹시나' 하는 생각을 어쩔 수 없이 하게 되던 시기였다. 이때 한국언론진흥재단이 눈길을 끄는 여론조사 결과를 내놓았다. 제목부터가 섹시하다.

우리나라 국민 10명 가운데 8명은 진짜 뉴스를 볼 때도 가짜 뉴스인지 의심한다.

조사는 지난 2017년 3월 17일부터 19일까지 20~50대 성인 남녀 1084명을 대상으로 온라인 설문조사 형식으로 이뤄졌다. 전체 응

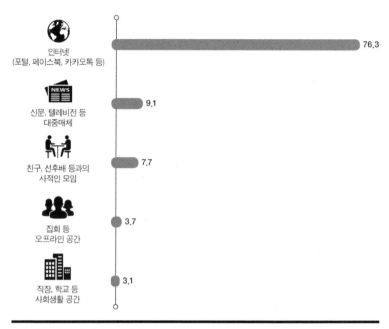

〈그림 11〉 '가짜라고 판단한 뉴스를 직접 받거나 본 주된 경로'에 대한
응답 비율(%)

인터넷
(포털, 페이스북, 카카오톡 등)   76.3

신문, 텔레비전 등
대중매체   9.1

친구, 선후배 등과의
사적인 모임   7.7

집회 등
오프라인 공간   3.7

직장, 학교 등
사회생활 공간   3.1

자료: 한국언론진흥재단 홈페이지.

답자의 32.3%는 2017년에 들어 가짜 뉴스를 받아본 경험이 있다
고 답했다. 연령별로는 20대가 가짜 뉴스를 받아본 비율이 37%로
가장 높았다. 50대는 24.7%로 가장 낮게 나타났다. 가짜 뉴스를
접한 플랫폼으로는 PC와 스마트폰이 76.3%로 가장 높았고, 신문
과 TV는 9.1%, 친구 등의 사적 모임은 7.7%에 불과했다. 모바일
터닝시대에 급부상하는 모바일 플랫폼을 통한 가짜 뉴스의 확산
이 실제로도 가장 큰 비율로 이뤄지는 셈이다.

〈그림 12〉 가짜 뉴스 실제 사례

자료: "일반 국민들의 '가짜 뉴스'에 대한 인식", ≪Media Issue≫, 3권, 3호.

실제로 유통된 적 있는 가짜 뉴스 기사를 PC로 봤을 때와 모바일로 봤을 때는 어떻게 다를까? 일본의 혐한 가짜 뉴스 사이트로 알려진 '한국 뉴스"에 게재된 "한국 서울 시내에서 대규모 트럼프 대통령 퇴진 시위 방화 은행 습격"이라는 제목의 가짜 뉴스"가 있다. 이 기사에는 "국내에서의 회원 수는 50만 명이 넘는한다" 같은 문법에 맞지 않거나 맞춤법이 틀린 문장이 많이 포함돼 있다. 내용만 보면 일반 기사와 비교해 크게 신뢰하기 어려운 내용으로 구성돼 있다는 의미다. 547명의 A집단에게는 해당 기사를

· https://korean-newsspot.blogspot.kr/
·· https://korean-newsspot.blogspot.kr/2017/01/blog-post_0.html

PC화면으로 갈무리한 내용을 보여주고, 같은 수의 B집단에게는 같은 기사를 모바일 메신저로 전달한 화면을 제시했더니 결과는 흥미로웠다.

조사 결과 A, B 두 집단을 평균으로 했을 때 응답자의 79%는 기사 내용에 신뢰할 수 없다고 답했다. 비문이 가득한 문장으로 구성된 기사인 만큼 적어도 진짜인지 가짜인지 정도는 10명 중 8명은 구분할 수 있었다는 의미다. 그런데 PC로 기사를 본 A집단이 모바일로 기사를 본 B집단에 비해서 좀 더 내용을 신뢰하는 것으로 나타났다. 같은 내용에 대해 A집단은 응답자의 24%가 신뢰한다고 답한 반면, B집단은 이보다 10%p 이상 낮은 11%만이 신뢰한다고 답했다. 한국언론진흥재단은 모바일 메신저 화면에서 제목과 본문만 제시한 것을 감안하면, 가짜 뉴스일지라도 제호와 기사의 분류, 관련 기사 등 뉴스 형식을 갖춘 경우 수용자의 신뢰도가 더 높아진다는 결과라고 해석했다.

한국언론진흥재단은 설문조사를 진행하면서 또 다른 흥미로운 실험도 진행했다. 조사 대상자에게 실제 기사에서 발췌한 뉴스 문장 2개와 가짜 뉴스 문장 4개를 섞어서 진짜와 거짓을 구분하게 한 것이다. 결과는 충격적이면서도 흥미롭다. 진짜 정보와 가짜 정보를 완벽하게 가려낸 응답자는 1.8%에 불과했다. 누구나 마음만 먹으면 가짜 정보를 진짜 뉴스처럼 둔갑해 사람들을 충분히 속일 수 있다는 점이 조사 결과를 통해서 드러난 셈이다.

특히, 응답자의 83.7%는 한국 사회에서 가짜 뉴스로 인한 문제는 매우 심각하다고 답했고, 우리 사회의 분열이 가짜 뉴스 때문에 더 심해지고 있다고 생각한다는 비율 역시 83.6%로 높게 나타났다. 가짜 뉴스의 폐해는 이미 현실화되고 있고, 모두가 체감하고 있다는 의미로 해석 가능한 부분이다.

: 19대 대선, 첫 모바일 대선 방송의 등장

2016년 연말과 2017년 연초를 지나오면서 대한민국의 꼴은 엉망이 됐다. 국정농단 사건은 도무지 끝이 보이지 않을 정도로 게속해서 새로운 의혹들로 세상을 놀라게 했다. 그렇게 당당하던 박근혜 전 대통령은 파면됐다. 대한민국 헌정 사상 처음으로 현직 대통령이 탄핵당한 것이다. 망신스러웠다. 탄핵 심판 선고 당일 헌법재판소에는 정말이지 많은 외신이 몰려들었다. 탄핵 심판 현장 생중계를 진행한 나 또한 CNN 같은 외신 기자들의 취재 방송 모습을 지켜볼 수 있었다. 워낙 사안이 크다 보니 CNBC 홍콩 지국에서 기자로 일하는 친구까지 헌법재판소로 출장을 와서 몇 년 만에 조우하기도 했다. 정말이지 대통령 탄핵 심판은 전 세계적 이목을 끌어들이는 메가톤급 이슈였다.

대통령 탄핵을 앞두고 연초부터 각 언론사에는 선거단이 꾸려지기 시작했다. 통상 대선 6개월 전쯤에 꾸려지는데, 이번에는 '벚꽃 대선' 또는 '장미 대선'이 현실화될 가능성이 연초부터 이어지면서 YTN도 부랴부랴 선거팀을 꾸렸고, 정치부 정당팀의 대선 취재 인력을 강화했다. 일반적으로 선거단은 선거 당일 방송을 위한 준비에 총력을 다한다. 여론조사 콘텐츠는 물론이고 선거 당일에 활용할 각종 분석 리포트를 제작한다. 선거 당일 해당 방송사의 꽃은 그 방송사 선거단의 역량에 따라 만개하느냐 피는 듯하다 저버리느냐가 결정된다. 그래서 선거단을 책임지는 선거단장과 대선 현장 취재를 책임지는 정치부장은 끊임없이 회의를 하고 의견을 교환한다. 선거단과 정당팀의 실무 담당 기자들 역시 서로 머리를 맞대야 한다. 설사 나와 관계가 좋지 않은 사람이더라도 방송사의 경쟁력을 다 뽑아내야 하는 대선 방송에서는 한 몸으로 일해야 한다.

그런데 19대 대선 방송 준비 과정은 확실히 과거 대선 방송 준비 과정과는 달랐다. 모바일 퍼스트 시대, 모바일 터닝시대라는 말에 걸맞게 디지털 부문 책임자도 선거단 회의에 참석하게 된 것이다. 예를 들면 이런 식이다. 과거 주요 정치인을 인터뷰해서 방송 콘텐츠를 만들 때는 선거단과 정치부만 의견을 조율하면 됐다. 순전히 '방송용 콘텐츠'를 만들면 됐기 때문이다. 하지만 이번에는 달랐다. 각 대선 주자들의 방송용 콘텐츠 제작 과정에 디지털 부문 제작자들도 참여했다. 모바일 플랫폼을 통해 방송용 콘텐츠를 유통하는 것에서 나아가 별도의 모바일 전용 콘텐츠를 만들게 된 것이다. 방송 유통 영역이 확대된 것에서 한 발 더 나아가 기존 서브 플랫폼으로서의 모바일 영역이 어나더 플랫폼으로서 그 어느 때보다 영역이 확대된 셈이다.

선거 방송 준비는 SBS가 단연 선두에 자리한 것 같다. 다른 방송사들이 아직 선거 방송의 방향과 방식을 구체화하지 못했을 때

SBS는 양세형이라는 친근한 연예인을 내세워 대선 주자들을 인터뷰했다. 단순히 다른 곳보다 발 빠르게 인터뷰를 진행했다는 것만으로는 '선두'라는 표현을 할 수 없을 것이다. 양세형 씨가 진행하는 SBS의 '모비딕'은 재미없는 정치 뉴스를 10~20대의 젊은층도 얼마든 재미있게 소비할 수 있다는 점을 증명했다. 특히나 머릿속에 생각이 가득한 개그맨으로 분류되는 양세형 씨를 내세웠다는 점은 경쟁사 기자가 봐도 정말이지 신의 한 수였다. 익살스러운 진행 속에 이어지는 날카로운 질문들, 사람들은 양세형 씨를 높게 평가할지 모르지만, 모바일 뉴스 콘텐츠를 담당하는 사람들은 SBS의 실험에 입을 떡 벌릴 수밖에 없었다.

뉴스의 중립성과 공정성을 최우선 가치로 내세우는 YTN의 경우 아직까지는 개그맨을 진행자로 기용하는 파격적인 실험에는 나서지 못하는 모습이다. 나 역시 꼭 개그맨을 기용해 재밌는 콘텐츠를 만드는 것만이 정답은 아니라고 생각한다. 정통 뉴스의 가치를 지키면서도 얼마든지 재미있는 모바일 전용 콘텐츠를 만들 수 있다는 자신감이 있기 때문이다. 다만 디지털뉴스팀이 대선 주자들을 별도로 인터뷰해 단일 온라인·모바일 전용 콘텐츠인 '대선 안드로메다'를 제작했다는 것만으로도 디지털 부문의 영역 확장에 기여한 것이라고 평가한다. 특히 이 콘텐츠는 정보와 재미 측면에서 나름의 평가를 받아 콘텐츠 자체를 구매하겠다는 방송사들이 등장하면서 회사의 수익성 향상에도 기여를 했다.

각 방송사마다 차이는 있지만 이번 대선 방송이 모바일 영역이 처음으로 참여하는 대선 방송이었던 것만은 분명한 사실이다. 이는 모바일 영역으로 빠르게 이동하고 있는 뉴스 사용자의 소비 행태를 대부분의 언론사들이 주지의 사실로 인식하고 있다는 반증이기도 하다. 그래서 지금 이 시기가 중요하다. 2017년과 2018년을 넘어가는 이 시기에 모바일 영역에서 주도권을 쥐지 못하면 방송 시장에서 경쟁력을 갖추기 어려울 수밖에 없다. 경쟁사의 각종 실험을 보면 늘 자문하게 된다. 내가 몸담은 이곳은 급변하는 시장의 변화에 얼마만큼 대응하고 있는가, 현장기자로서 나는 어떤 방식으로 모바일 영역을 위한 콘텐츠 제작에 나서야 하는가. 문제를 인식하는 일 자체 역시 어렵지만 답을 찾는 일은 더 어렵게 느껴진다.

: 2류로 취급받는 디지털, 혁신의 현실과 한계

보통 디지털 혁신보고서에 대한 이야기를 할 때 가장 먼저, 또 가장 많이 거론되는 것은 《뉴욕타임스》의 혁신보고서다. 2014년 5월에 이 보고서가 유출됐을 때, 가장 '디지털 프렌들리'한 언론사로 알려졌던 《뉴욕타임스》 역시 얼마나 디지털화에 대한 내적 고민이 많은지, 디지털 혁신가로서의 지위를 유지하기 위해 얼마나 고군분투하고 있는지를 엿볼 수 있었다.

미국에서 《뉴욕타임스》의 보고서가 유출됐다면, 유럽에서는 지난 2016년 3월에 독일의 전통 미디어 《슈피겔》의 혁신보고서가 유출됐다. 61쪽 분량의 이 보고서 역시 ≪뉴욕타임스≫의 혁신보고서와 마찬가지로 내부 조직원들과 외부 전문가들의 인터뷰를 기반으로 작성됐다. 내용은 대체로 현재 조직 상태의 문제점과 반성이 주를 이뤘다. 예를 들면 '슈피겔은 여전히 자화자찬에 빠졌다', '슈피겔은 새로운 시도를 안 해도 너무 안 한다', '조직의 대화와 협업은 실종됐다' 등의 분석들이 보고서를 채웠다. 문장만 놓고 보면 한국 언론의 현실과 해외 언론의 현실이 이렇게나 똑같을 수 있을까 하는 놀라움이 먼저 느껴질 정도로 고민의 결이 비슷하다.

≪슈피겔≫의 혁신보고서 역시 비슷한 고민을 하고 있는 디지털 부문 실무책임자에게 여러 시사점을 안겨준다. 하지만 단연 눈길을 끌었던 부분 중 하나는 보고서에 언급된 디지털 부문 종사자들에 대한 내부 인식이었다. 한마디로 요약하면 이렇다. '디지털 부문 근무자들은 여전히 2류로 홀대받고 있다.'

기존 편집 부문 종사자들과 디지털 부문 종사자들이 동등한 지위를 누리고 그에 걸맞은 역할을 해야 한다는 ≪슈피겔≫의 자성의 목소리는 대한민국 언론사 전반에서 상당히 의미 있는 부분으로 여겨져야 한다. 대한민국에서는 여전히 온라인을 온에어의 서브 플랫폼 정도로 여기는 인식이 강하기 때문이다. 여전히 일부 언론사에서는 디지털 관련 부서로 발령이 났을 때 '좌천됐다', '인사에서 물먹었다' 등의 표현을 한다고 하니 뒤떨어져도 너무 뒤떨어진 시장에 대한 인식을 누구에게 탓해야 하는 생각이 들 정도다.

사실 YTN의 경우만 하더라도 몇 년 전까지만 해도 디지털 관련 부서로 인사 발령이 나면 '홀대받는다'는 인식이 있었다. 더욱이 YTN은 디지털 부문이 아예 별도 법인으로 분리된 자회사다 보니, 본사 기자가 자회사로 '쫓겨나는(?)' 내지는 '밀려나는(?)' 인식이 전혀 없었다고 말한다면 거짓말일 것이다. 나 역시 YTN이 페이스북 등 글로벌 플랫폼에서 괄목할 만한 성취를 보이고 있을 때 자리를 옮겼는데도, 여전히 가장 많이 받은 질문은 '너 거기서 뭐 하냐', '너 왜 거기 가 있어? 사고 쳤어?' 같은 우문들이었다. YTN이든 다른 언론사든 일련의 비슷한 상황들을 종합해보면 급격한 패러다임의 변화를 겪고 있는 언론 시장의 변화를 인식하지 못하는 것은 보도국 또는 편집국 기자들뿐인 것 같다는 생각도 든다.

이런 상황 속에서도 아주 느리지만 변화의 조짐이 감지된다는 것은 그나마 희망적인 부분이다. 국내의 내로라하는 주요 언론사들은 잇따라 '모바일 퍼스트' 기치를 내세우면서 디지털 부문 강화에 시동을 거는 모습을 보이고 있기 때문이다. 특히 조직 개편과 인력 재배치 등 단순한 구호만이 아닌 행동으로 옮기는 것이라는 점에서 더 고무적으로 느껴진다. 시장 상황이 이렇다 보니, 디지털 혁신에 아무 생각이 없어 보였던 조직들도 하나둘 '디지털 혁신이 중요하다며?'라는 식의 반응을 보이는 모습도 확인할 수 있다. 물론 이 같은 인식의 변화는 시작에 불과하다. 아주 오랜 시간 기존 플랫폼의 서브 플랫폼으로서 역할을 해온 디지털 부문이 어나더 플랫폼의 개념으로 익숙해지는 데는 아직 시간이 좀 더 필요한 것이 한국 언론의 현실이라는 점에는 이견을 달기 어려울 것 같다. 조직 개편, 인력 재구성 등 형식적인 논의도 중요하지만, 디지털 부문에 대해 조직원들이 얼마만큼의 공감대를 형성했는지의 여부가 더 중요한 문제일 수 있기 때문이다.

물론 대한민국의 모든 기자가 디지털 혁신에 무감하거나 무지한 것은 아닐 것이다. 나 같은 경우에도 "너 우리 회사에서 제일 혁신적인 일 하고 있다며?"라는 식의 질문을 던지거나 격려 또는 위로를 하는 동료들 또한 적지 않다. 다만 신문이든 방송이든 여전히 아날로그적인 제작 방식과 마인드에 얽매인 채 새로운 혁신보다는 현상 유지에 더 큰 방점을 찍고 있는 경우가 대부분인 것은 어쩔 수 없는 사실이다. 이런 이유로 혁신은 단순 구호로 받아들여지고 디지털 부문은 '2류'로 홀대받는 상황이 계속 이어지는 것일 테다.

≪뉴욕타임스≫의 혁신보고서가 유출됐을 때 일부 분석가들은 ≪뉴욕타임스≫가 디지털 혁신가의 위상에 상처를 입게 된 것으로 분석하기도 했다. 디지털 분야에서 선구자적인 지위를 유지하며 나름의 성과를 내고 있던 ≪뉴욕타임스≫의 내부 문제점들이 고스란히 노출되면서 그 위상이 손상됐다는 것이다. 하지만 가끔 이런 생각도 든다. '대한민국 언론사에는 유출될 혁신보고서라는 것이 있기나 하는 것일까.' 벌어지지 않은 일이기 때문에 쉽게 단언하기는 어렵겠지만, 혁신을 외치고 있는 언론사들 가운데 한 곳이라도 내부 혁신보고서가 유출된다면 나는 상당히 기분 좋게 읽어 내려갈 수 있을 것 같다. 그 혁신보고서에는 필시 '조직이 새로운 도전에 주저한다', '보도국과 디지털 부문의 협업이 강

화돼아 한다', '디지털 부문을 하위 개념으로 인식해서는 안 된다' 등의 내용이 담길 가능성이 '매우' 높다. 물론 앞으로 한동안 이런 '반가운' 보고서 유출 상황은 기대하기 어려울 것 같다. 해외 언론 사들과 같은 치열한 고민을 담은 내부 문서가 유출되기를 기대하 기에는 아직 우리나라 언론사들은 대부분 인식의 전환 작업부터 선행돼야 하기 때문이다.

: 온에어와 온라인의 새로운 관계 설정

제보 영상이 들어왔다. 한 남성이 신문사 직원 행세를 하며 미 용실에서 신문 구독료를 받아 챙기는 장면이 담긴 CCTV 화면이 었다. 아주 구미가 당기는 영상은 아니었지만 '제보 영상'으로 만 들어 페이스북에 올리면 장사가 좀 될 것이라는 생각이 들었다. 보도국 사회부에서 취재를 할 수도 있겠다 싶어서 사회부장에게 전화를 했다. 사회부장은 온라인 콘텐츠로 먼저 제작해서 퍼블리 싱해도 된다는 입장을 전해왔다. 그리 대단한 영상은 아니었기 때문에 그러려니 했다. 담당 피디는 영상을 '제보 영상' 콘텐츠로 제작해 페이스북에 올렸고, 수십만 명이 이 영상을 시청하며 대 박은 아니더라도 '중박' 정도의 흥행을 기록했다.

그런데 어찌 된 일인지 다음 날 아침에 난리 아닌 난리가 났다. 사회부에서 취재하고 있는 아이템을 왜 온라인에서 먼저 사용하 냐는 것이 논란의 핵심이었다. 사건팀 데스크부터 기자들까지 줄

줄이 전화해 '어떻게 우리의 뒤통수를 칠 수가 있느냐'는 식의 항의를 해왔다. 황당했다. 사회부장이 승인한 것이었다고 대답해도 믿지를 않았다. 무슨 대단한 영상도 아닌, 좀도둑 CCTV 영상 때문에 난리 법석이 난 셈이다. 취재 부서가 시청자 제보에 지나치게 의존하는 것은 아닌지 비판적 시각도 조금은 일었지만, 이 작은 제보 영상 하나가 온에어와 온라인의 충돌 양상으로 이어진다는 점에서 말로 설명하기 어려운 어떤 '위기의식' 같은 것이 느껴졌다.

미국 시장의 경우, 온에어와 온라인의 갈등은 2013년 무렵부터 대두된 것으로 전해진다. CNN의 경우 2013년에 7분짜리 유튜브 총기 관련 영상을 놓고 방송에 먼저 낼 것인지, 인터넷에 먼저 올릴 것인지를 놓고 온에어와 온라인의 갈등이 수면 위로 떠올랐다. 당시 CNN의 온에어 시청률은 하락세를 면치 못하는 상황인 반면, 온라인에서는 선두를 유지하며 입지를 다지고 있는 상황이었다. 각 부문별 책임자가 이렇다 할 정리를 하지 못하자 경영진 회의가 소집됐고, 무려 10시간 넘는 회의가 이어졌다. 당시 총괄 결정자가 내린 결정은 간단했다. '온라인은 온라인만의 생리가 있다.'

통상 미국 시장에서 벌어지는 미디어 현상이 한국 사회에서 발생하는 데는 3년 정도 걸리는 것으로 분석한다. 우연인지 일종의 공식이 있는 것인지는 모르겠지만, CNN에서 온에어와 온라인이 충돌한 지 꼭 3년 만에 YTN에서도 비슷한 현상이 벌어진 것이다. YTN이라는 브랜드로 들어온 시청자들의 제보 화면을 온에어에 먼저 낼 것인가, 온라인에 먼저 낼 것인가 하는 문제가 본격적으로 수면 위로 떠오른 셈이다.

회사의 브랜드에 영향을 미칠 만한 정도의 이슈라면 '당연히' 온에어에 먼저 방송이 돼야 한다. 방송은 YTN 전체 브랜드에서 가장 중요한 중추이기 때문이다. 일반적으로 '아주 이야기가 되는' 영상이나 제보 내용의 경우에 온라인에서 먼저 다루지 않고 온에어로 전달하는 것도 이 같은 이유다. 하지만 그럴 정도로 임팩트가 있는 영상이나 텍스트가 아니라면 온라인에서 먼저 유통하는 것이 시대적으로 더 적합한 판단이라고 생각한다. 온에어에서 정제된 제작물을 만드는 데는 짧아도 반나절, 길면 며칠씩 걸리기 때문에 속보성 있는 대응을 위해서는 온라인에서 먼저 퍼블리싱하는 것이 현실적인 판단이라는 의미다.

특히 YTN의 온라인 제작물의 소비자들은 10대에서 30대 초반까지가 절대 다수이고, 온에어의 경우 40대 이상의 화이트칼라들이 많다는 점을 고려하면 시청자층이 겹치지도 않는다. 이 때문에 같은 소스를 놓고 온라인에서 먼저 유통하더라도 온에어에는 별다른 타격이 가지 않는다고 생각한다. 다시 말해, 온라인에서 먼저 유통된 영상을 온에어 시청자가 다시 볼 수도 있지만 그 여파가 절대적이지는 않을 것이라는 의미다.

하지만 온라인 콘텐츠가 온에어에서 유통되고, 온에어 콘텐츠가 온라인에서 유통되는 이른바 '크로스 플랫폼' 유통 전략을 위해서는 아직 갈 길이 멀어 보인다. '자잘한' 제보 화면 하나 가지고도 난리 법석이 나는 지금의 현실에서는 급변하는 미디어 시장에 대한 적확한 인식과 이에 대한 공감대가 조직 전반에 확산돼야 한다는 과제가 남아 있기 때문이다. 이른바 보도국의 디지털화에 대한 인식이다.

기존 보도 부문에 대한 디지털화는 전 세계 모든 언론의 화두다. 생긴 지 100년이 넘는 유수의 해외 언론들이 너도나도 '디지털', '모바일'을 미래의 먹거리로 설정하고 조직 전반에 대한 실험을 이어가는 것을 보면 미디어 전체의 역사에서 보더라도 지금의 상황이 상당히 의미 있는 시간이 될 수 있을 것 같다는 생각도 자주 든다.

내 손안에 들어온 작은 스마트폰이 가져다주는 거대한 변화와 흐름 속에서 우리의 나아갈 길은 어디가 될까. 디지털과 모바일 뉴스를 위해서 나는 무엇을 해야 하는 것일까. 보도국의 디지털화를 견인하기 위한 첫 단추는 무엇일까. 이 같은 고민과 혼란은 당분간 어쩔 수 없이 나의 일상이 될 것 같다.

: 최순실 사태로 새로워진
온에어와 온라인의 관계 설정

2016년 말, 최순실 사태 이후 가장 전략적인 성과를 낸 곳은 손석희 앵커로 대표되는 JTBC다. JTBC는 온에어를 통해 이른바 최순실 태블릿 PC 보도로 보도 흐름의 키를 잡은 뒤 모바일을 통해 적극적으로 협업하는 전략을 선보였다. TV와 페이스북을 사실상 동일한 플랫폼으로 간주하고 주요 소식에 대해서는 TV와 페이스북의 동시 중계를 과감히 단행했다. 기존 방송사들이 5~10분 정도 동시 중계를 했던 것과 달리 JTBC는 아예 3~4시간에 달하는 뉴스특보를 TV와 페이스북에서 동시에 생중계를 진행한 것이다. 대통령 대국민 사과의 경우 JTBC 페이스북을 통해서만 2만 명 넘는 사람들이 동시 접속으로 라이브를 봤고, 촛불집회 특보의 경우 경쟁사들이 수백 명 수준의 페이스북 동시접속자 수를 기록할 때 JTBC는 5천~6천 명 수준을 유지했다. 모바일 대응 전략의 관점에서 기존 관점을 전복해 새로운 사례를 만들어낸 셈이다.

가장 눈에 띄는 특성은 온에어와 온라인이 하나의 몸통으로 움직인 점이다. 단순히 말로만 통합 뉴스룸을 외치는 것이 아니라 실질적으로 두 개의 플랫폼이 '통합'해 시너지를 낸 것이다. 예를 들어 촛불집회 현장에는 두 부류의 기자들이 존재했다. 하나는 온에어 방송을 위한 기자들이고 다른 하나는 페이스북 라이브를 위한 기자들이었다. JTBC는 TV와 페이스북이라는 두 개의 플랫폼을 모두 공략하겠다는 전략적 접근을 시도했고 결과는 성공적이었다. 물론 이 같은 크로스 플랫폼 전략이 큰 시너지를 발생한데는 통합 뉴스룸의 접근도 기여했지만, 최순실 태블릿 PC 입수로 이슈를 선점한 것이 큰 영향을 미쳤을 것이다. 하지만 이 큰 영향력이 단순히 온에어 효과에 그치지 않고 온라인으로의 확산에 성공한 비결은 JTBC가 가진 자체 역량이다. 이미 온에어와 온라인이 한 몸통으로 움직이기 위한 노를 수십 개 준비했고, 물이 들어오자 준비된 노를 적극 활용한 것으로 볼 수 있다.

반면 분리형의 YTN 시스템에서는 본방송의 프로그램과 아이템을 페이스북 같은 모바일에 활용한다는 것에 대한 인식 공유가 필수다. 하지만 특정 아이템을 온에어로 먼저 내보낼지, 온라인으로 먼저 유통할지를 놓고 엇박자를 피하지 못하는 경우도 많다. 타사가 보도한 아이템에 대해 인용보도를 하더라도 온에어에서 인용하지 않은 것을 온라인에서 인용했을 경우 온에어와 온라인의 갈등 양상으로 비춰지기도 했고, 아이템 선정 과정에서도 온에어가 자체 취재 결과에 근거해 다루지 않은 아이템을 온라인에서 다뤘을 때는 항상 잡음이 끊이지 않았디.

가장 현실적인 어려움은 인력 문제에서 도드라졌다. JTBC처럼 온에어 방송 인력이 온라인과 모바일 콘텐츠 제작에도 참여하는 시스템에서는 기자 개인으로서는 방송 콘텐츠와 모바일 콘텐츠를 모두 생산하는 부담을 가질 수밖에 없지만, 소비자 입장에서는 두 플랫폼이 사실상 하나의 몸통으로 움직이는 모습을 통해 언제든 원하는 플랫폼으로 뉴스를 소비할 수 있다. 하지만 YTN처럼 보도국과 디지털 부문이 완벽하게 분리된 시스템에서는 온에어는 온에어대로 온라인은 온라인대로 움직일 수밖에 없다. 평상시에는 분리 시스템의 이 같은 단점보다는 자체적으로 프로젝트를 효율적으로 진행할 수 있다는 장점이 더 컸다. 하지만 최순실 사태 같은 대형 이슈가 터졌을 때는 분리 시스템보다 통합 시스템이 보도 전반에서는 더 큰 시너지를 낼 수 있다.

디지털 부문이 별도 법인으로 분리된 곳의 실무책임자로서 내가 느낀 점은 결국에는 통합 뉴스룸으로 갈 수밖에 없다는 것이 최순실 사태로 입증됐다는 것이다. 평상시에는 통합 형태이든 분리 형태이든 나름의 전략만 있으면 디지털 대응이 가능하다. 하지만 전시 상황(이를테면 최순실 사태)에서는 온에어와 온라인이 한 몸통으로 움직이지 않을 경우 경쟁하기 어려운 한계점이 있다는 것을 최순실 사태를 통해 아주 강렬하게 경험했다.

온에어와 온라인의 통합과 분리는 여전히 쉽지 않은 문제다. 언론사별로 나름의 상황과 사정이 있기에 어떤 것이 정답이라고 말할 수는 없기 때문이다. 다만 확실한 점은 과거와 같이 온에어가 퍼스트 플랫폼, 온라인이 세컨드 플랫폼이라는 인식으로는 더 이상 버틸 수 없는 환경이 도래했다는 점이다. 그러고 보면, 대한민국을 뒤흔든 최순실 사태는 언론사에게도 디지털 어웨이크닝의 각성 효과를 꽤 강하게 던져준 셈이다. '국정 농단 비선 실세'가 언론에 준 선물이랄까?

: 디지털 혁신의 시대,
저널리즘의 본령

디지털뉴스팀을 맡게 됐을 때 YTN의 주력 모바일 플랫폼인 페이스북의 주간 도달은 천만 전후를 오르내렸다. 일주일에 천만 명에게 YTN의 게시물이 전달된다는 의미다. 반응 좋은 콘텐츠가 있을 때는 주간 도달이 천만을 조금 넘겼고, 성적이 썩 좋지 않을 때는 800만 정도로 떨어졌다. 앵커를 할 때 순간 시청률에 대한

스트레스를 상당히 받았던 기억이 스멀스멀 살아나며 나는 일종의 '도달의 노예'처럼 변해갔다.

매일 잠에 들고 난 뒤 눈을 뜨면 새벽 3시 무렵이었다. 멍한 상태에서 스마트폰을 들고 주간 도달을 확인한다. 천만을 넘으면 안도하고, 천만 아래로 떨어지면 초조했다. 사실상 잠을 자는 4~5시간 정도의 시간을 빼면 거의 하루 종일 이 '도달' 수치에 시달리며 지냈다.

도달을 높이기 위한 조치로 자체 제작을 강화했다. 온에어 콘텐츠뿐만 아니라 온라인 전용 콘텐츠를 집중적으로 제작했다. 사실상 풀타임 근무 체제에 들어갔다. 제작자들의 주말 근무를 더 강화했고 365일 근무하는 시스템을 도입했다. 나 역시 주말 이틀 동안에는 재택근무를 하는 주7일 근무 시스템에 들어가면서 팀 전체가 풀타임 근무 체제를 구축하는 데 집중했다.

다행스럽게도 이 같은 노력은 만족스러운 결과를 이끌어냈다. 주간 도달이 1500만으로 늘기 시작하더니, 1700만, 2천만을 넘기 시작했다. 급기야 2500만을 찍은 날은 도저히 믿기지가 않아 페이스북 내부 시스템의 오류가 아닌지 페이스북 코리아에 사실 확인을 요청할 정도였다. 페이스북 코리아는 우리의 지표가 맞다는 것을 확인해주었다. 국내 기성 언론사 가운데 탑클래스에 들어가는 수치가 실제로 확인된 셈이다. 범위를 한 달로 늘리면 무려 1억 2천만에 달하는 압도적인 수치다. 아마도 내가 새벽녘에 스마트폰을 찾지 않게 된 것도 그 무렵인 것 같다.

확실히 시대는 바뀌고 있다. 신문과 방송이라는 큰 축에 의해

구현되던 저널리즘의 양식이 인터넷의 등장과 스마트기기의 급속한 보급 이후 시장의 판도 자체를 흔들고 있다. 더 이상 종이로 된 신문과 특정 뉴스 프로그램을 기다리지 않는다. 우리는 스마트폰을 비롯한 스마트기기를 통해 뉴스를 소비하고 손안의 세계를 통해 세상을 바라본다. 스마트 기술 혁신의 시대에 익숙해진 우리의 일상이다.

이런 상황에 맞춰 국내외 모든 언론사는 디지털 혁신을 외치며 혁신 작업에 주력하는 모습이다. 아니, 주력할 수밖에 없는 상황이다. 텔레비전이나 신문 등 레거시 환경에서 벗어나지 않는다는 것은 시대에 역행한다는 의미이기 때문이다. YTN 역시 스마트기기를 통해 어떻게 더 많은 사람이 우리의 뉴스를 소비할 수 있을지에 대한 고민을 이어가고 있다. 페이스북에서 이룬 성취는 여러 플랫폼에서 거둔 성취 가운데 대표적인 사례다.

상황이 이렇다 보니, 전략의 중심에는 더 많은 사람이 더 많은 콘텐츠를 소비하는 방향성이 자리하게 된다. 많은 사람이 우리 콘텐츠를 소비할수록 트래픽이 늘어나고, 이는 곧 디지털 전략의 성공을 나타내는 지표로 인식되기도 한다.

문제는 트래픽 중심의 디지털 전략이 가지는 한계다. 대부분의 언론사는 더 많은 트래픽을 올리기 위해 스내커블 콘텐츠 양산에 집중하고 있다. 이동 중이거나 여유 시간에 콘텐츠를 소비하는 모바일 이용자들을 위해 단타성 콘텐츠들이 양산된다. 이는 모바일 콘텐츠의 질적 하락과 직결된다. 물론, 해외 사례를 보면 심층 기사로도 얼마든지 모바일에서 성공할 수 있다는 주장도 흔히 접할 수 있다. 콘텐츠 자체의 질적 완성도만 보장된다면 스내커블 콘텐츠가 아니어도 모바일에서 승부수를 띄울 수 있다는 것이다.

문제는 모바일 전용 심층 콘텐츠를 만들어내기 위해서는 많은 돈과 시간이 필요하다는 점이다. 모바일 저널리스트 한 명이 마음만 먹으면 스내커블 콘텐츠 수십 개를 만들어내는 것은 일도 아니다. 이를 통해 확보되는 트래픽 효과도 상당하다. 하지만 저널리즘의 원칙과 본령을 따른 콘텐츠를 만들기 위해서는 오롯이 하나의 콘텐츠에 집중해야 하고, 제작자와 데스크 모두 신경을 곤두세워 콘텐츠 제작에 나서야 한다. 이상적인 제작 콘셉트이지만, 대부분 보도 부문의 하위 채널로 인식되는 디지털 부문의 특성상 이 같은 제작 방식은 현실적인 장벽에 부딪힌다. 다시 말해, 모바일 콘텐츠 제작자가 스내커블 콘텐츠를 버릴 수 없는 혹은 집중할 수밖에 없는 현실적인 이유가 존재하는 셈이다.

상황이 이렇다 보니, 디지털 혁신의 이면을 들여다보면 '트래픽의 노예' 또는 '스내커블 콘텐츠 양산'이라는 한계점을 마주할 수 있다. 말이 좋아 디지털 혁신이지, 디지털 기술 혁신을 향해 헉헉거리면서 뒤따라가는 언론의 민낯이 우리가 말하는 디지털 혁신의 이면이라고도 할 수 있다. 페이스북 월간 도달이 1억 2천을 돌파한들, UV나 PV 지수가 급증한들 과연 이것이 디지털 혁신의 성공이라고 외칠 수 있는 것인지 회의감이 찾아드는 이유이기도 하다.

이처럼 디지털 혁신의 본질을 고민한 것에 대한 격려인지 또는 실제로 우리가 혁신을 이룬 것인지 판단하기 조심스럽지만 YTN

은 각종 디지털 혁신 실험의 공로를 인정받아 2016년 제34회 관훈언론상 저널리즘 혁신 부문 수상자로 선정됐다. 몇 년에 걸쳐 진행됐던 여러 프로젝트와 여기에 수반된 노고에 대한 보상이자 적잖은 격려가 되는 것은 사실이다. 하지만 디지털 혁신과 디지털기기 혁신의 본질에 대한 의문, 디지털 혁신과 저널리즘의 본령에 대한 고민 등은 해가 바뀌고 또 다른 혁신 작업이 진행되는 과정에서도 여전히 내 머릿속을 맴도는 큰 과제가 될 것 같다.

지은이

—

이승현

동국대학교 신문방송학과를 졸업하고 연세대학교 언론홍보대학원 저널리즘뉴미디어 석사과정에 재학 중이다. 2007년 YTN에 입사해 사회부 사건팀 경찰기자를 거쳐 문화부에서 영화 분야를 담당했다. 2010년부터 3년 동안 〈뉴스출발〉, 〈뉴스오늘〉, 〈이브닝 뉴스〉의 앵커를 맡았다. 2013년에는 사회부 법조팀에서 '국정원 SNS·박원순 비하글 등 2만 건 포착' 기사로 이달의 기자상과 방송기자상을 받았다. 이후 정치부 국회기자를 거쳐 2016년에는 디지털뉴스팀장을 맡아 YTN의 모바일 전략을 고민했고, 같은 해 제34회 관훈언론상 저널리즘 혁신 부문 수상자로 선정됐다. 2017년 현재 YTN 보도국 법조팀 현장책임자로 일하고 있다. 또 다른 저서로는 『기자와 앵커의 조건』(2017)이 있다.

hyun@ytn.co.kr/ lovegilet@gmail.com

모바일 터닝시대: 디지털 인류의 뉴스 사용기

ⓒ 이승현, 2017

지은이 이승현 펴낸이 김종수 펴낸곳 한울엠플러스(주)
편집책임 배유진 편집 김초록
초판 1쇄 인쇄 2017년 8월 31일 초판 1쇄 발행 2017년 9월 14일
주소 10881 경기도 파주시 광인사길 153 한울시소빌딩 3층
전화 031-955-0655 팩스 031-955-0656
홈페이지 www.hanulmplus.kr 등록번호 제406-2015-000143호

Printed in Korea.

ISBN 978-89-460-6379-2 03070

* 책값은 겉표지에 표시되어 있습니다.